KLETT

ALTSPRACHLICHE TEXTE

P. Vergilius Maro

Aeneis

bearbeitet von
Ernst Bury

Teil 2: Arbeitskommentar und Zweittexte

Ernst Klett Schulbuchverlag
Stuttgart Düsseldorf Berlin Leipzig

Inhalt

Vorbemerkungen 3
Auftakt 5
Buch I 6
Buch II 20
Buch IV 22
Buch VI 31
Buch VII 45
Buch IX 47
Buch XII 47
Der Ausgang der Aeneis 53
Abschluß 54
Verzeichnis der Zweittexte 4
Literatur 56

Abkürzungen und Zeichen

A = Aufgabe zur Interpretation
Z = Zweittext
* = speziellere bzw. vertiefende Aufgabe

[A 3] = grundlegende Aufgabe (diese Aufgaben bilden zusammen einen „roten Faden" durch den Gang der hier erarbeiteten Aeneis-Interpretation)

Umschlagbild:
Aeneas und Anchises. Aus einem Zyklus von Buchillustrationen zur Aeneis von BARRY MOSER

Gedruckt auf Papier aus chlorfrei gebleichtem Zellstoff, säurefrei.

1. Auflage 1 8 7 6 5 4 | 2003 2002 2001 2000 99

Alle Drucke dieser Auflage können im Unterricht nebeneinander verwendet werden, sie sind untereinander unverändert. Die letzte Zahl bezeichnet das Jahr dieses Druckes.

Umschlag: nach einem Entwurf von Neil McBeath, Stuttgart
Satz: Fotosatz Agnes Grage, Filderstadt
Druck: Druckerei Schäuble, Stuttgart
ISBN 3-12-649120-0

Vorbemerkung

Der vorliegende Arbeitskommentar nimmt die Typen der Interpretationsaufgaben auf, die in der gymnasialen Oberstufe gebräuchlich sind; er verzichtet allerdings weitgehend auf grammatikalische Aufgabenstellungen, die bei Vergil ohnehin nur eine untergeordnete Rolle spielen sollten (an ihre Stelle treten metrische und stilistische Arbeitsaufgaben), und auch die Fragen zur reinen inhaltlichen Textsicherung treten zurück gegenüber Anregungen, die der eigentlichen Interpretation, d.h. der Erarbeitung des Textsinns dienen.

Die einzelnen Hinweise innerhalb eines Interpretationsabschnitts sind dabei in drei Ebenen gegliedert:
1., 2., 3. usw. kennzeichnen das **Thema** bzw. den Textabschnitt, dem die angeführten Aufgaben gewidmet sind; sie bieten nicht nur eine Gliederung des Arbeitskommentars, sondern bringen in den meisten Fällen auch den inhaltlichen Aufbau des Texts ins Bewußtsein, soweit er nicht selbst Gegenstand der Interpretation sein muß.
a), b), c) usw. weisen auf die eigentlichen **Arbeitsaufgaben** hin, die meist bewußt allgemein gehalten sind, um den Interpretierenden nicht zu sehr einzuengen und nur so weit zu steuern, wie unerläßlich ist, um die intendierten Interpretationsziele zu erreichen. Wem diese Arbeitsimpulse zu unbestimmt sind, dem seien die sich anschließenden Details anempfohlen.
– oder (...): hier finden sich **spezielle Arbeitsanweisungen**, die näheren Aufschluß geben über die Richtung, die die Interpretationsarbeit hier nehmen soll, und Tips, die ein bestimmtes Verfahren nahelegen, um zu der Lösung zu gelangen, die der Aufgabenstellung entspricht. Diese Ebene hat in jedem Fall nur Empfehlungscharakter; weniger erfahrenen Schülern soll sie eine Hilfe sein, fortgeschrittene werden vielfach auf sie verzichten können, so wie auch der Lehrer im Unterricht nur sporadisch auf sie einzugehen braucht: Es wäre genauso verkehrt, hier auf sämtlichen Details zu bestehen (da oft mehrere Wege zum gleichen Ergebnis führen) wie etwa Ergebnisse abzulehnen, die nicht durch die hier gegebenen Anstöße gedeckt sind.
Den Angaben dieser drei Ebenen sind Vorgaben unterschiedlicher Art zugeordnet:
Erklärende Anmerkungen, die ihren Platz nicht bei den Texterläuterungen gefunden haben, da sie nicht in erster Linie der Übersetzung und dem inhaltlichen Verständnis des Texts dienen, sondern mit den jeweiligen Aufgabenstellungen eng verbunden sind, ihre Voraussetzung bilden oder zur Erfüllung des Arbeitsauftrags beitragen, die Lösung vorantreiben; **Zweittexte**, die dazu dienen sollen, sich ein Problem (oder einen Problemkomplex) bewußt zu machen, ausführlichere Sachartikel, die die Grundlage für das Verständnis eines Geschehens bilden sollen, vor allem Parallel- und Kontrasttexte, insbesondere auch Quellen, mit deren Hilfe Kriterien für die Bewertung des Dargestellten oder der Leistung des Dichters zur Verfügung gestellt werden; einige ausgesuchte Rezeptionstexte zielen ebenfalls in diese Richtung.
Darüber hinaus wird vielfach auf die **Einleitung** und das weitere Beiwerk im Textheft verwiesen.

In welcher Auswahl, welchem Umfang diese vielfältigen Anregungen in den Unterricht einbezogen werden können, welche Schwerpunkte zu setzen sind, ob gar an der einen oder anderen Stelle der bewußt weit gehaltene Rahmen dieser Vorschläge gesprengt werden muß – dies müssen Kurs und Kursleiter nach ihren jeweiligen Bedingungen und Interessen entscheiden.

Absicht des Bearbeiters und des Verlags war es, ein Arbeitsmittel bereitzustellen, das die unterschiedlichen Anforderungen abdecken kann: Dabei wurde großer Wert darauf gelegt, daß so wenig fertige Ergebnisse wie möglich vorgelegt werden, daß nur das unabdingbar Notwendige erklärt wird und das leicht Erschließbare Gegenstand eigener Entdeckerfreude bleiben kann, das verschieden Deutbare offen bleibt für die eigene Interpretation, die so wenig wie möglich vorweggenommen werden soll. Damit auch der weniger Geübte eine Chance hat, zu dem Erlebnis selbständig erreichter Erkenntnisse zu gelangen, läßt es sich leider nicht vermeiden, bei schwierigeren Problemen in kleinen Schritten vorzugehen und den Interpretierenden relativ eng zu führen. Daß es bei dem Erfahreneren durch das gelegentlich etwas kleinlich wirkende Verfahren nicht zu einer Übersättigung kommt, daß das Frage-Antwort-Spiel noch genügend Anreize bietet, sollte jeder selbst kontrollieren. Von dieser Konzeption her versteht sich also der vorliegende Arbeitskommentar ausdrücklich als ein Angebot, aus dem nach den jeweiligen Bedürfnissen eine Auswahl getroffen werden muß, um das richtige Maß zu finden zwischen eigenständigem und gesteuertem Interpretieren, neugierigem Fragen und vertieftem Verständnis, vor allem aber auch zwischen aufgeschlossen bleibender Interessiertheit und befriedigender, weil durch die erarbeiteten Ergebnisse befriedigter, Selbstbestätigung.

Verzeichnis der Zweittexte

Z 1 Friedrich Schiller: Die Sänger der Vorwelt ... 5
Z 2 Ilias, Proömium ... 8
Z 3 Odyssee, Proömium ... 8
Z 4 Aeneis I 1–11, übers. v. R. A. Schröder 9
Z 5 Aeneis I 1–11, übers. v. J. Götte ... 9
Z 6 Musen ... 9
Z 7 Das Merkmal des Tragischen (H. Bogner) ... 10
Z 8 Odyssee V 297ff. (Todesnot) ... 13
Z 9 Dante Alighieri: Inferno XXVI 112ff. 14
Z 10 Der kriegerische Genius (C. v. Clausewitz) ... 15
Z 11 Th. Haecker: Vergil – Vater des Abendlandes ... 17
Z 12 Cicero: De re publica I 29 ... 18
Z 13 Botschaft an Außerirdische ... 18
Z 14 Augures ... 21
Z 15 Plautus: Amphitruo 839ff. (Die rechte Mitgift) ... 22
Z 16 Apuleius: Metamorphosen X 2, 3–7 (Liebeskrankheit) ... 23
Z 17 Hochzeit ... 24
Z 18 Heinrich von Veldeke: Eneide (Dido) 25
Z 19 Macrobius: Saturnalia V 13, 31ff. (Das Gerücht) ... 27
Z 20 J. W. v. Goethe: ΑΝΑΓΚΗ, Nötigung 29
Z 21 J. W. v. Goethe: Dichtung und Wahrheit 11 ... 30
Z 22 Odyssee XI 543ff. (Der Schatten des Aias) ... 32
Z 23 Ovid: Metamorphosen XIII 538 ff. (Hecuba) ... 32
Z 24 J. W. v. Goethe: Clavigo an der Bahre Maries ... 33
Z 25 R. Brasillach: Gegenwärtiger Virgil .. 33
Z 26 Dante Alighieri: Inferno III 1ff. ... 34
Z 27 Vergil: Georgica IV 219ff. (Das göttliche Feuer) ... 39
Z 28 Zenon über das Feuer als Schöpfer (Cic. de nat. deor. II 57) ... 39
Z 29 Die Stoiker (K. Vorländer) ... 39
Z 30 A. W. Schlegel über Vergil und Augustus ... 43
Z 31 J. G. Herder über die welterobernden Römer ... 43
Z 32 K. Büchner über die Römer ... 44
Z 33 Ilias XXI 362ff. (das Kesselgleichnis) 46
Z 34 Ilias XXII 208ff. (Wägen der Lose) .. 48
Z 35 Hektors Tod (Il. XXII, Inhaltsübersicht) ... 48
Z 36 Juno ... 51
Z 37 Thesen zum Ausgang der Aeneis ... 53
Z 38 Ch. Meckel: Wen es angeht. Rede vom Gedicht ... 54

Z 4
Vergil: Aeneis I 1–11, übersetzt von Rudolf Alexander Schröder (1951)

Waffen sing ich und Mann, den Erstling, welchen von Troja
ans Lavinergestad, gen Italien flüchtend, das Schicksal
sandte, den lang durch Meer und Land im Irren umhertrieb
Götterbeschluß vorm Grimm der friedlos zürnenden Juno:
Litt viel Mühen im Krieg und gründete Mauern und Wohnstatt,
der seine Götter gen Latium trug, daher denn lateinisch
Volk und Albanersenat und Romas ragende Zinne.
Muse, gedenke mir nun der Ursach: Welche Verfehlung,
welche Beleidigung war's und bewog der Göttinnen Erste,
soviel Pein und Plagen dem Mann, dem frömmsten von allen,
anzutun? Schwellt solch ein Zorn unsterbliche Herzen?

Z 5
Vergil: Aeneis I 1–11, übersetzt von Johannes Götte (1958)

Waffentat künde ich und den Mann, der als erster von Troja
schicksalgesandt, auf der Flucht nach Italien kam und Laviniums
Küsten, viel über Lande geworfen und wogendes Meer durch
Göttergewalt, verfolgt vom Groll der grimmigen Juno,
viel auch duldend durch Krieg, bis er gründe die Stadt und die Götter
bringe nach Latium, dem das Geschlecht entstammt der Latiner,
Albas Väter und einst die Mauern der ragenden Roma.
Muse, sag mir die Gründe, ob welcher Verletzung des hohen
Willens, worüber voll Gram die Götterkönigin jenen
Mann, das Vorbild der Ehrfurcht, in so viel Jammer, in so viel
Mühsal gejagt. Kann so die Gottheit grollen und zürnen?

Z 6
aus: Michael Grant/John Hazel: Lexikon der antiken Mythen und Gestalten (dtv) S. 288:
Musen

Töchter des Zeus und der Titanin Mnemosyne, die Göttinnen der schönen Künste, der Musik und Literatur, später auch der geistigen Beschäftigungen im weiteren Sinne, wie der Geschichte, der Philosophie und Astronomie. Die Bedeutung der Musen ergibt sich aus ihrer Beliebtheit bei den Dichtern, die ihnen ihre Inspiration zuschrieben und um ihren Beistand zu bitten pflegten. (...) Von Hesiod dagegen rührt die traditionelle Neunzahl her; er gab ihnen auch Namen, während ihre Funktionen erst viel später und auch dann nicht völlig einhellig festgelegt wurden. Man unterscheidet meist folgende Musen: Kalliope „die Schönstimmige" (epische Dichtung), Klio „Ansehen, Ruf" (Geschichte), Euterpe „Frohsinn" (Flötenspiel), Terpsichore „Freude am Tanz" (Chordichtung, Tanz), Erato „die Liebliche" (Gesang und Tanz), Melpomene „die Singende" (Tragödie), Thalia „Fülle, froher Mut" (Komödie), Polyhymnia „viele Lieder" (Pantomime) und Urania „die Himmlische" (Astronomie). (...)

Z 7

aus: Hans Bogner: Der tragische Gegensatz – Seine Entdeckung und Gestaltung in der frühgriechischen Tragödie, Heidelberg 1947, S. 30/31:

Das Merkmal des Tragischen

Was also ist das Tragische? Eine umfassende, begrifflich-philosophische Erörterung dieser Frage ist hier nicht beabsichtigt und würde ins Endlose führen. Es soll auch keine völlig neue Antwort gegeben, sondern vorläufig eine schon gegebene, für die Tragödie überhaupt gefundene gerade auf die griechische frühe Tragödie angewandt werden. Sie lautet mit Goethes Worten: *„Alles Tragische beruht auf einem unausgleichbaren Gegensatz. Sowie Ausgleichung eintritt oder möglich wird, schwindet das Tragische.“* Oder: *„Es kommt im Grunde bloß auf den Konflikt an, der keine Auflösung zuläßt, und dieser kann entstehen aus dem Widerspruch, welcher Verhältnisse er wolle, wenn er nur einen echten Naturgrund hinter sich hat und nur ein echt tragischer ist.“* Für die Griechen ist dabei das Wort *Gegensatz* besser angemessen als das Wort *Konflikt.* Denn bei Konflikt denken wir vornehmlich und unwillkürlich an die inneren subjektiven Spannungen eines einzelnen, des *Helden;* für die Griechen ist aber nicht der Held und sind nicht die Charaktere das Primäre am Trauerspiel, sondern das mythische Geschehen...

(...) In den von ihm dramatisierten Mythen enthüllt Aischylos erstmalig der Welt eine objektive, unausweichliche Gegensätzlichkeit und Widersprüchlichkeit; die auftretenden Figuren ergreift das *Pathos,* das leidvolle Geschehen, das ihnen Ungeheures zu tragen auferlegt und zu tun (aber auch ihre entsetzlichsten Taten sind auferlegt, sind Leiden), und läßt an sie, mit gleicher Stärke und gleichzeitig, unausgleichbare Forderungen, ja Gebote der Gottheit selbst herantreten, die einander ausschließen. So soll Orestes seine eigene Mutter, die seinen Vater erschlug, töten: das gebietet die Blutrache, das gebietet Apollon – und er darf sie nicht töten: das verbieten ihm die ehrwürdigen, uralten Rachegöttinnen, das verbietet ihm die natürliche Bindung des Kindes an die Mutter (...)

I 12–33

A 1

Karthago

a) Vergegenwärtigen Sie sich die Geschichte der Stadt Karthago, und unterscheiden Sie die verschiedenen zeitlichen Perspektiven, unter denen die ersten Zeilen stehen: v.12 *(antiqua fuit)* – v.14 *(dives opum studiis asperrima belli)* – v.18 *(iam tum)* – v.20 *(olim).*

b) Worin bestehen Junos Pläne (kultisch, politisch), und durch welche Stilmittel wird ihr Anspruch unterstrichen?

A 2

Die Fata

a) Wie ist das Verhältnis zwischen Juno und dem Fatum zu sehen?

– Beziehen Sie den Modus des *si*-Satzes (v.18) in Ihre Überlegungen mit ein.

– Bewerten Sie die Aussagekraft der (Konstruktion der) indirekten Rede (vv.19–22).

b) Welche Bedeutung kommt nach ihrer Stellung und ihrem Klang den Wörtern *fata* (v.18) und *Parcas* (v.22) zu?

c) Zeigen Sie, daß Vergil mit der Bezeichnung *Tyrias arces* (v.20) die Sache Karthagos im Vergleich zur römischen als wenig zukunftsträchtig hinstellt. (Welche Stilfigur liegt vor?)

A 3

Die Motive für Junos Zorn

a) Prüfen Sie den Stellenwert von v.23:

– Auf welche zeitliche Dimension bezieht sich der erste Teil, auf welche der zweite?

– In welchen Versen wird das jeweilige Motiv entwickelt?

– Beziehen Sie auch den Ausdruck *quo numine laeso quidve dolens* (vv.8/9) auf diese Zweiteilung.

b) Welche einzelnen Gesichtspunkte für Junos Zorn auf die Trojaner werden aufgeführt?
c) Wie werden aus Junos Sicht die Trojaner dargestellt, wie die Griechen? (Art der Reihung, Stellung von *genus invisum* (v.28), direkte Wertungen)
d) Der Mythos hinterfragt Handlungen der Götter nicht auf ihre Berechtigung hin. Dennoch läßt sich Vergils Text hier durchaus psychologisch verstehen. Spielen Sie Psychiater:
– Wie lassen diese Verse Juno in Ihren Augen erscheinen? Worin sind ihre Motive begründet?
– Ordnen Sie den verwendeten Ausdrükken (vv.23–29) die beteiligten Affekte zu.

Zusammenfassung I 1–33

A 1

Der Gegensatz von Rom und Karthago

Wenn Sie das gesamte Proömium zu Vergils Aeneis mit den Augen und Ohren eines Römers aufnehmen, werden Sie verstehen, daß *contra* (v.13) nicht nur einen geographischen Sinn hat, sondern vor allem einen politischen und symbolischen.
a) Arbeiten Sie diesen Gegensatz auch aus vv.17–22 heraus.
– Welche Begriffe entsprechen sich auf beiden Seiten?
– Wo liegen die wesentlichen Unterschiede?
b) Untersuchen Sie die Anteile von Spiel und Gegenspiel im dritten Teil des Proömiums:
– Arbeiten Sie die beiden Rollen heraus, und zeigen Sie, in wem sie sich verkörpern.
– Vergleichen Sie Ihr Ergebnis mit dem, das Sie bei der gleichen Fragestellung im ersten Abschnitt des Proömiums gewinnen.

A 2

Abschließende Bewertung des Proömiums
a) Vergleichen Sie die Schlußverse mit den Eingangsversen:
– Zeigen Sie, daß in ihnen die gleichen Kräfte wirksam sind.
– Arbeiten Sie den Zielpunkt der Erzählhandlung heraus.
– Welche Erzählhaltung und welche besondere Stimmung konstituieren den Schlußvers?
* **b)** Analysieren Sie die Struktur des Proömiums:
– Welche zeitlichen Dimensionen sind für die zu erwartende Erzählhandlung bestimmend?
– Weisen Sie anhand der Gedankenverflechtung nach, daß die Entfaltung des ersten Abschnitts erst mit v.33 wirklich endet, daß also auch erst hier das Proömium kompositionell abgeschlossen ist.

I 34–49

*** A 1**

Die Erzählstruktur
a) Stellen Sie – gegebenenfalls mit Hilfe des Abschnitts zu Aufbau und Inhalt der Aeneis in der Einführung – fest, an welcher Stelle des Handlungsablaufs der Dichter mit seinem epischen Bericht beginnt.
b) Bestimmen Sie die Funktion des *cum*-Satzes (v.36) – beachten Sie das Signalwort *vix* (34) –, und untersuchen Sie seinen stilistischen Wert.
c) Welche Gewichtung zwischen Menschen- und Götterhandlung nimmt Vergil in diesem Abschnitt vor?

A 2

Der Vergleich mit Athene
a) Gliedern Sie das Selbstgespräch der Juno mit Hilfe der strukturellen Hinweise, die der Text bietet.
b) Überprüfen Sie, was für Verben und welche Tempusformen Athene zugeordnet werden, welche Juno. Was sagt das über den Erfolg ihrer Aktionen? →

c) Welche sachliche Rechtfertigung wird für das jeweilige Vorgehen gegen Ajax bzw. Aeneas gegeben?

A 3

Die Argumentation der Juno

a) Welchen Ausdruckswert haben die drei Fragesätze? Berücksichtigen Sie
– die Funktion des A.c.I. als affektvoller Ausruf;
– daß *–ne* (entgegen der Schulgrammatik) keineswegs wertneutral sein muß;
– die Bedingungen, unter denen *quisquam* nur verwendet werden darf.

b) Welche Schlußfolgerungen für Junos weiteres Verhalten ergeben sich aus dem Selbstgespräch?

c) Weisen Sie nach, daß dieses Ergebnis von Anfang an vorgeprägt ist, d. h. daß das Selbstgespräch nur der Rechtfertigung, nicht aber der Entscheidungsfindung dient:
– anhand der besonderen metrischen Struktur (vv.36/37),
– anhand der Stellung von *victam* im Vers 37 und innerhalb des Selbstgesprächs sowie von seiner Bedeutung her,
– anhand der verwendeten rhetorischen Mittel (z. B. Funktion der Fragen, Techniken der Aufwertung, Ironie).

d) Verdeutlichen Sie sich, ausgehend von v.39, Junos Verhältnis zum Fatum.

I 92–101

A 1

Die Reaktion des Aeneas

a) Erklären Sie die Vorgänge, die in vv.92/93 geschildert werden:
– Was ist mit *frigus* (v.92) gemeint? (Wie spiegelt sich der Vorgang in der Versform?)
– Deuten Sie die Geste in v.93.

b) Stellen Sie fest, ob zwischen der stummen Geste und den Worten (innerer Monolog) des Aeneas ein direkter Zusammenhang besteht. Wie erklären Sie Ihre Beobachtung?

A 2

Aeneas' Rede

a) Untersuchen Sie die Kommunikationsstruktur von Aeneas' Worten, und bewerten Sie Ihre Ergebnisse:
– Welche affektiven Aussagen stehen hinter seinen Worten?
– Wo ist er mit seinen Gedanken?

b) Aeneas vergleicht hier die Schrecken des Seesturms mit dem Tod auf dem Schlachtfeld. Warum kommt diesem ein so hoher Stellenwert zu? Wie erscheint im Licht dieses Vergleichs Aeneas' augenblickliche Situation?

*** A 3**

Das Vorbild Homers

a) Vergleichen Sie Z 8 und Vergils Gestaltung des gleichen Motivs miteinander
– in ihrem gestischen und verbalen Teil;
– in den sprecherbezogenen Angaben: Welchen Anteil haben diese?

b) Betrachten Sie den Teil, den nur Homer bietet, näher: Machen Sie sich die Qualität der gegebenen Informationen bewußt, und versuchen Sie zu verstehen, warum Vergil auf sie verzichtet.

c) Untersuchen Sie die Textpassage, die Vergil eigen ist:
– Was hat es zu bedeuten, daß Aeneas sich in eine Reihe von Helden einfügt?
– Worauf richten sich also die Gedanken des Aeneas, worauf nicht?

d) Stellen Sie die Intentionen der beiden Autoren einander gegenüber, zeigen Sie,
– was Vergil von seinem Lehrmeister gelernt hat und
– worin er ihn hier übertrifft.

A 4

Die Verfassung des Helden

a) Vergegenwärtigen Sie sich, daß dies die erste Stelle ist, an der Aeneas mit Namen genannt und in Aktion gezeigt, d. h. als Person vorgestellt wird. Welchen Eindruck gewinnen Sie von ihm? Entspricht dieser Eindruck Ihrem Bild von einem epischen Helden?

b) Vergleichen Sie das Erscheinungsbild des Aeneas mit den Erwartungen, die die vv.1–11 geweckt haben (v.10 *pietas;* vv.5/6 Sendungsbewußtsein).

c) Untersuchen Sie den Text auf die stilistischen Mittel hin, mit denen der Dichter den physischen und psychischen Zusammenbruch, die Verzweiflung des Helden verdeutlicht, z. B.
- die Mittel, die der Steigerung dienen,
- die Mittel, die die emotionale Ergriffenheit,
- die Mittel, die die innere Zerrissenheit ausdrücken.

Z 8

Homer: Odyssee V 297–312 *(übersetzt von Johann Heinrich Voß)*

Und dem edlen Odysseus erzitterten Herz und Knie;
tiefaufseufzend sprach er zu seiner erhabenen Seele:
Weh mir, ich elender Mann! Was werd ich noch endlich erleben!
Ach, ich fürchte, die Göttin hat lauter Wahrheit geweissagt,
die mir im wilden Meere, bevor ich zur Heimat gelangte,
Leiden die Fülle verhieß! Das wird nun alles erfüllet!
Ha! wie fürchterlich Zeus den ganzen Himmel in Wolken
hüllt, und das Meer aufregt! Wie sausen die wütenden Stürme
aller Enden daher! Nun ist mein Verderben entschieden!
Dreimal selige Griechen und viermal, die ihr in Trojas
weitem Gefilde sankt, der Atreiden Ehre verfechtend!
Wär ich doch auch gestorben und hätte die traurige Laufbahn
an dem Tage vollendet, als mich im Getümmel der Troer
eherne Lanzen umflogen um unsern erschlagnen Achilleus!
Dann wär ich rühmlich bestattet, dann sängen mein Lob die Achäer!
Aber nun ist es mein Los, des schmählichen Todes zu sterben!

I 198–222

A 1

Gegenwart und vergangenes Leid

Vergil gibt hier schon vor dem Buch der Irrfahrten (Buch III) einen Einblick in die Schrecken des Seefahrerdaseins.

a) Welche literarische Quelle hat er dabei im Blick?

b) Inwiefern kommt den Gefahren, die die verwendeten Motive evozieren sollen, eine andere Qualität zu als dem Seesturm?

c) Erklären Sie, was die Erinnerung an vergangene Leiden in der augenblicklichen Situation bedeuten kann; denken Sie dabei an die zeitliche Dauer der Leiden, an ihre Schwere, an die Leidensfähigkeit der Menschen.

d) Inwieweit bezieht Aeneas die Gegenwart in seinen Zuspruch ein?
- Vergegenwärtigen Sie sich den Zustand der Leute, die gerade dem Tod entronnen sind. Wie ist er im Text angedeutet?
- Welcher Gefahr muß Aeneas mit seiner Aufmunterung vorbeugen?

* **e)** Vergleichen Sie den Zuspruch des Aeneas mit dem, den bei Dante (Z 9) Odysseus an seine Gefährten richtet, als er im Begriff ist, über die „Säulen des Herakles" (die Straße von Gibraltar, Grenzpunkt der Ökumene) hinauszusegeln,
- ihren Inhalten nach,
- nach dem Menschenbild, das die beiden Führer ihren Ansprachen zugrunde legen.

(Dante hat Odysseus wegen seiner Listen und seines Triebs, die den Menschen gesetzten Grenzen zu überschreiten, in die Hölle verwiesen!) →

A 2

Blick auf die Zukunft

* **a)** Verdeutlichen Sie sich mit Hilfe von Z 10, welche Aufgabe einer solchen Ansprache zukommt. (Ist der trojanische Führer mit dem preußischen voll zur Deckung zu bringen?)

b) Zeigen Sie, daß Aeneas gerade hier seine Führungsqualitäten beweist:

– Was bietet er als Trost an? Worauf basiert dieser?

– Welche sprachlichen Mittel setzt er ein? (aufwertende Begriffe; kaum Futur – warum wohl? –; metrische Struktur von v.207)

A 3

Die Verfassung des Aeneas

a) Untersuchen Sie, ob oder inwieweit Aeneas sich selbst in seine Trostrede einbezieht.

– Achten Sie auf Pronominalformen bzw. Personalendungen.

– Suchen Sie nach Zeichen, die den Grad seiner inneren Beteiligung signalisieren.

b) Arbeiten Sie in vv.208/9 die Gegensatzpaare heraus, und versuchen Sie, die Bedeutung dieser Antithetik zu erschließen. (Welche strukturellen Mittel verwendet der Dichter außer der Antithetik noch?)

c) Diskutieren Sie, ob Aeneas mit seiner Ansprache gelogen hat oder ob ihr Inhalt seine Größe noch steigern könnte.

d) Vergleichen Sie diese Ansprache des Aeneas mit seinem Monolog im Seesturm (vv.94–101):

– Welche wesentlichen Unterschiede beobachten Sie? (Denken Sie nicht nur an den Anlaß, sondern auch an die inneren Vorgänge.)

– Zeigen Sie, daß erst beide Reden zusammen der Gestalt der Aeneas-Figur gerecht werden.

A 4

Die Wirkung des Zuspruchs

a) Belegen Sie die Wirkung der Trostrede des Aeneas mit der Verwendung der Verben (vv.210–214).

– Welchem semantischen Bereich gehören die beiden ersten Verben an? Was verdeutlicht er?

– Welche Funktion hat die Häufung der Verbformen?

– Durch welchen formalen und metrischen Kunstgriff vermeidet der Dichter den lästigen Gleichklang?

* **b)** In vv.214b–222 ändert sich die Atmosphäre. Verdeutlichen Sie dies am Satzbau und am Rhythmus dieser Verse. (Worin ist diese Veränderung situativ begründet?)

c) Untersuchen Sie die Verse, die dem Gedenken an die vermißten Kameraden gewidmet sind:

– Welche strukturellen Mittel verdeutlichen das Schwanken zwischen Furcht und Hoffnung?

– Welche sprachlichen und klanglichen Mittel bringen den Schmerz und die Trauer zum Ausdruck?

Z 9

In der Hölle sprechen Dante und sein Führer Vergil mit der Seele des Odysseus. O. erzählt (Übers.: G. Hertz, München 1957):

Dante Alighieri: Die göttliche Komödie. Inferno, XXVI

‚O frati,‘ dissi ‚che per cento milia
perigli siete giunti a l’occidente,
a questa tanto picciola vigilia
de’ nostri sensi ch’è del rimanente
non vogliate negar l’esperienza,
diretro al sol, del mondo sanza gente.
Considerate la vostra semenza:
fatti non foste a viver come bruti,
ma per seguir virtute e canoscenza‘.

Sprach ich: ‚O Brüder, die ihr bis zum West
gekommen seid durch tausende Gefahren,
braucht eures Lebensabends kleinen Rest,
den ihr noch habt im Sinnlich-Offenbaren,
zur Welt, wo kein Bewohner weit und breit,
dem Gang der Sonne folgend, hinzufahren!
Bedenkt doch euren Ursprung, denkt, ihr seid
nicht wie das Vieh! und nie dürft ihr erkalten
bei dem Erwerb von Kenntnis, Tüchtigkeit.‘

Z 10
Carl v. Clausewitz: Vom Kriege (eine Theorie der Führung des Großen Krieges in 8 Büchern), 1832:
Der kriegerische Genius

Solange eine Truppe voll guten Mutes mit Lust und Leichtigkeit kämpft, ist selten eine Veranlassung da, große Willenskraft in der Verfolgung seiner Zwecke zu zeigen; sowie aber die Umstände schwierig werden, und das kann, wo Außerordentliches geleistet werden soll, nie ausbleiben, so geht die Sache nicht mehr von selbst wie mit einer gut eingeölten Maschine, sondern die Maschine selbst fängt an Widerstand zu leisten, und diesen zu überwinden, dazu gehört die große Willenskraft des Führers. Unter diesem Widerstande wird man sich nicht gerade Ungehorsam und Widerrede denken, wiewohl auch diese bei einzelnen Individuen häufig genug vorkommen, sondern es ist der Gesamteindruck aller ersterbenden physischen und moralischen Kräfte, es ist der herzzerreißende Anblick der blutigen Opfer, den der Führer in sich selbst zu bekämpfen hat und dann in allen anderen, die unmittelbar oder mittelbar ihre Eindrücke, ihre Empfindungen, Besorgnisse und Bestrebungen in ihn übergehen lassen. Sowie die Kräfte in dem einzelnen ersterben, diese nicht mehr vom eigenen Willen angeregt und getragen werden, lastet nach und nach die ganze Inertie der Masse auf dem Willen des Feldherrn; an der Glut in seiner Brust, an dem Lichte seines Geistes soll sich die Glut des Vorsatzes, das Licht der Hoffnung aller anderen von neuem entzünden; nur insoweit er dies vermag, insoweit gebietet er über die Masse und bleibt er Herr derselben; sowie das aufhört, sowie sein eigener Mut nicht mehr stark genug ist, den Mut aller anderen wiederzubeleben, so zieht ihn die Masse zu sich hinab in die niedere Region der tierischen Natur, die vor der Gefahr zurückweicht und die Schande nicht kennt. Dies sind die Gewichte, welche der Mut und die Seelenstärke des Führers im Kampfe zu überwinden hat, wenn er Ausgezeichnetes leisten will. Sie wachsen mit den Massen, und so müssen also die Kräfte auch zunehmen mit der Höhe der Stellen, wenn sie den Lasten angemessen bleiben sollen.

I 223–253

A 1
Die Herrschergestalt Juppiters

a) An welchem Standort und mit welchen Attributen göttlicher Allmacht wird Juppiter gezeigt?

b) Interpretieren Sie vor dieser Folie v.227.

A 2
Die Besorgnisse der Venus

a) Weisen Sie nach, daß die Rede der Venus in zwei etwa gleich große Teile zerfällt.

– Worauf zielt der erste Abschnitt, und welche Funktion hat der zweite?

– Vergleichen Sie von ihrem Aufbau her die Ansprache der Venus mit dem Selbstgespräch der Juno (vv. I 34–49).

b) Untersuchen Sie, wie Venus argumentiert:

– Auf welche Fakten baut sie ihre Vorwürfe?

– Welche Folgerungen zieht sie, auch zwischen den Zeilen, daraus?

– Mit welchen Gründen untermauert sie ihre Ansprüche?

c) Belegen Sie mit einigen sprachlichen Merkmalen die innere Beteiligung der Venus.

I 254–301

A 1

Juppiters Zuspruch für Venus

a) Analysieren Sie die Bedeutung von Mimik und Gestik in den Anfangsversen:

– Welcher Bereich der römischen Werteskala wird durch sie angesprochen?

– Können Sie auch hier (wie bei Aeneas in den vv. I 208/9) Indizien dafür finden, daß außen und innen nicht übereinstimmen.

– Charakterisieren Sie zusammenfassend die Haltung Juppiters; vergleichen Sie sie mit der der Juno und der Venus.

b) Inwieweit entspricht Juppiters Antwort den Vorwürfen der Venus? (Was greift er auf, was vorerst nicht?)

A 2

Die Fata der Römer (vv.261–296)

a) In welchem Zusammenhang wird Aeneas gezeigt?

– Welchem Wortfeld entstammen die Begriffe, die Juppiter verwendet?

– Entsprechen seine Zusagen dem Zukunftsbild, das Venus in ihrem Vergleich mit Antenor (vv. I 247–249) gemalt hat?

b) Bewerten Sie die in vv.267–274 aufgeführten Jahresangaben: Was symbolisieren sie; welche Erwartungen werden mit ihnen für die Existenz Roms geweckt?

c) Untersuchen Sie, inwieweit im Abschnitt vv.275–285 die Erwartungen der Venus noch übertroffen werden:

– Analysieren Sie die raum-zeitlichen Bezüge;

– klären Sie, was die Aufzählung griechischer Städte bedeutet.

– Welcher Sinnzusammenhang wird mit *gens togata* (v.282) angesprochen?

– Wie ist der prophezeite Stimmungsumschwung bei Juno zu verstehen?

d) Welche Rolle spielt Augustus im Rahmen der Juppiterprophezeiung?

– Inwieweit wird er parallel zu Aeneas gesehen?

– Man hat Vergil den Vorwurf gemacht, er habe sich zu sehr in den Personenkult um Augustus einspannen lassen. Finden Sie hier eine Bestätigung für diesen Vorwurf? (Vergewissern Sie sich, wieviel Vergil, der 19 v. Chr. gestorben ist, von der *‚Pax Augusta‘* noch miterlebt hat.)

e) Untersuchen Sie die Schlußbilder der Juppiterrede und ihre symbolische Kraft:

– Für welche Bereiche sind Fides und Vesta zuständig?

– Was bedeutet die Erwähnung des Remus zusammen mit Romulus?

– Welchem konkreten römischen Symbol entspricht die Personifikation *‚Belli portae‘* (v.294)?

– Auf welchen Vorgang der Zeit Vergils bezieht sich die dämonische Personifikation des *Furor?* Welche Gefährdung bleibt in dem Bild latent?

f) Durch Vergleich können Sie feststellen, daß Juppiter erst jetzt auf alle Vorwürfe seiner Tochter geantwortet hat. Worauf zielen also die Prophezeiungen Juppiters?

A 3

Der Abschluß des Göttergesprächs (vv.297–301)

* **a)** Sicher fällt Ihnen auf, daß Venus während der Juppiterprophezeiung zwar als Gegenüber Juppiters präsent bleibt (zuletzt v.290), aber keine Reaktion von ihr mehr gezeigt wird. Können Sie das erklären? (Denken Sie an die dramaturgische und gehaltliche Bedeutung der Juppiterrede!)

b) Zeigen Sie, welchen unmittelbaren dramaturgischen Zweck die Entsendung des Götterboten verfolgt.

***A 4**

Zur Komposition der Aeneis

a) Überlegen Sie, ob Vergil mit der Umrahmung der ersten Handlungsszene durch Götterszenen ein Gleichgewicht zwischen Juno und Juppiter herstellen wollte.

b) Überprüfen Sie an dieser Stelle noch einmal Ihre Vorstellungen vom Sinn der *Fata* und von der Rolle der Götter.

c) Diskutieren Sie den Sinn der Leiden, die Aeneas mit seinen Gefährten durchgemacht hat und die ihm noch bevorstehen. (Inwiefern ist Aeneas mit anderen Maßstäben zu messen als Antenor vv. 242–249?)

d) Zeigen Sie die Bedeutung der Juppiterprophezeiung für das römische Selbstverständnis auf (Voraussetzungen der römischen Weltherrschaft).

I 437–465

A 1

Die neue Stadt

a) Welche Motive werden mit der neu entstehenden Stadt in Verbindung gebracht (Lage, verwendetes Material, künstlerische Gestaltung)?

b) Aus welcher Perspektive sieht Aeneas die neue Stadt (räumlich, innere Einstellung, Assoziationen an eigenes Schicksal)?

A 2

Die Erinnerung an Troja

a) Es wirkt etwas unwahrscheinlich, daß im semitischen Kulturbereich die Kämpfe um Troja dargestellt werden. Welche Erklärung bietet der Text dafür, welche hat Aeneas zur Hand?

b) Welche Wirkung hat die Darstellung auf Aeneas? (gestische Reaktionen und ihre psychischen Ursachen; übertragene Bedeutung des Dargestellten)

A 3

„Sunt lacrimae rerum" (v.462a)

a) Versuchen Sie, diese etwas rätselhafte Wendung aus dem Kontext heraus zu entschlüsseln:

– Zeigen Sie aufgrund des Vorausgehenden, worauf sich *rerum* beziehen dürfte;

– ziehen Sie die zweite Vershälfte zur Erklärung hinzu.

* **b)** ‚Hektors Lösung' (die Schlußszene der Ilias, Il. XXIV 468ff.) ist als anrührendes Motiv oft dargestellt worden: Wie erscheint Priamos dort, wie Achill? Welcher Zusammenhang ergibt sich zu unserem Halbvers?

c) Zeigen Sie, daß Vergil mit dieser Wendung sich nicht auf ein Einzelschicksal beschränkt, sondern die ‚condicio humana' im Blick hat.

– Welches Bild vom Menschen steht hinter diesem Satz?

– Diskutieren Sie, ob einem Helden Tränen überhaupt zu Gesicht stehen.

– Verdeutlichen Sie sich die christlichen Implikationen anhand von Z 11.

A 4

Zeichen vom Menschen

a) Ziehen Sie Z 12 zum Vergleich heran: Auf welche menschlichen Fähigkeiten zielt das Beispiel Ciceros ab? Welche stellt dagegen Vergil in den Vordergrund?

b) Diskutieren Sie anhand der Vergilschen Kriterien den Wert der Nachricht über den Menschen, die die Amerikaner 1972 ihren Weltraumsonden Pioneer 10 und 11 mitgegeben haben (Z 13).

Z 11

Theodor Haecker: Vergil – Vater des Abendlandes, *Leipzig 1931/Fischer Bücherei Nr. 213 (1958), S. 149/150:*

Am allerwenigsten stoisch aber ist Aeneas als ein Mann der Tränen – nie wird eine stoische Seele das *donum lacrimarum* erhalten können – und der ontologische Satz: *„sunt lacrimae rerum"*. Hier sprengt der größere Mensch ein großes Prinzip, das von Heil sein kann und war für den Menschen – Europa könnte ja wahrlich heute zufrieden sein, wenn es Stoiker hätte wie Epiktet oder Seneca oder Mark Aurel –, aber doch nicht dem *ganzen* Menschen gewachsen ist. Die stoische Seele ist eine heroische Seele, ja sie ist heroisch bis zum Übermaß, was keine Tugend sein soll, außer der Liebe, die mehr ist als eine Tugend, die stoische Seele erträgt unter Umständen sogar die eigene Verzweiflung, und das grenzt nahe an das Böse. Nicht so die *anima Vergiliana,* vor der Verzweiflung löst sie sich in den erlösenden Strom der Tränen, noch nicht in jener Seligkeit wie die letzten Tränenklänge der Matthäuspassion, aber es ist wie eine Vorübung dazu. Sie hat den Heroismus der stoischen Seele auch, wahrlich, sie nimmt auf sich und fordert den *labor improbus,* aber weicher wird alles durch die Anschauung der *iustissima tellus,* der allgerechten Mutter Erde, und den Genuß der Schönheit, der *gloria* ihrer Früchte; sie bringt und fordert die unumgänglichsten Opfer, die verbunden sind mit der Übung hoher und einfacher Tugenden; aber weicher als beim Stoiker wird auch dieses wieder durch die höchste dieser hohen und einfachen Tugenden, durch die *pietas,* deren tiefstes Fundament die Zuversicht ist auf die letzte unerforschliche Gerechtigkeit und *Hellheit* des Fatums in sich selber, das über allem ist, über Eros und Arbeit und Mutter Erde, Familie und Staat und Imperium, des Fatums, welches am Ende Jupiter selber ist, der *pater omnipotens.* So verzweifelt die *anima Vergiliana* nicht, denn sie ist keine stoische Seele, welche trotz alles Adels und unleugbarer Größe eine hochmütige und selbstgenügsame und also verzweifelte ist, sie ist eine *demütige* Seele, *humilis* wie der Boden Italiens, sie ist – und an sie, an sie vor allem andern muß Tertullian gedacht haben, da er das Wort fand –, sie ist: *anima naturaliter christiana.*

Z 12

M. Tullius Cicero: De re publica I 29

Ut mihi Platonis illud, seu quis dixit alius, perelegans esse videatur: quem cum ex alto ignotas ad terras tempestas et in desertum litus detulisset, timentibus ceteris propter ignorationem locorum animadvertisse dicunt in arena geometricas formas quasdam esse descriptas; quas ut vidisset, exclamavisse, ut bono essent animo; videre enim se hominum vestigia; quae videlicet ille non ex agri consitura, quam cernebat, sed ex doctrinae indiciis interpretabatur.

So scheint mir jenes Wort Platons – oder wer es sonst gesprochen hat – sehr treffend formuliert zu sein: Als diesen ein Sturm von hoher See in unbekannte Gegenden und an eine verlassene Küste verschlagen hatte, soll er, während seine Gefährten in Furcht waren, da sie das Land nicht kannten, beobachtet haben, daß einige geometrische Figuren in den Sand gezeichnet waren; sobald er sie gesehen habe, habe er ausgerufen, sie sollten guten Mutes sein, er sehe nämlich Spuren von Menschen. Diesen Schluß zog er freilich nicht aus den bestellten Feldern, die er sah, sondern aus den Zeichen der Gelehrsamkeit.

Z 13

An Bord der US-Raumsonde Pioneer 10 befindet sich eine Tafel mit Symbolen, die außerirdischen intelligenten Lebewesen eine Botschaft übermitteln sollen. Die Tafel zeigt Mann und Frau, eine Darstellung des Wasserstoffatoms, kosmische Radioquellen, die Pioneer-Antenne als Größenmaßstab für die Menschen sowie eine Skizze des Sonnensystems mit der Herkunft der Sonde.

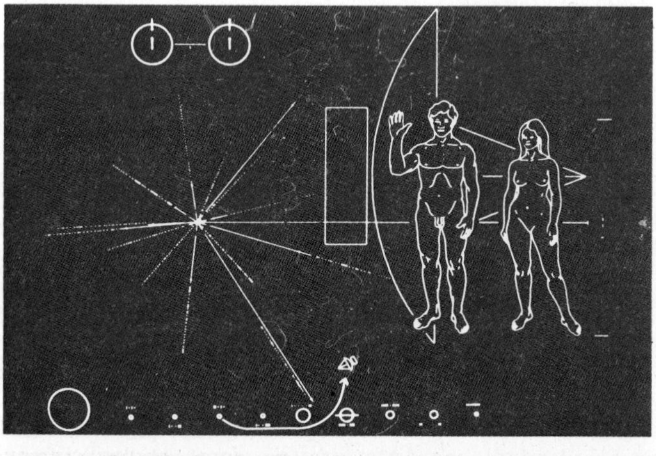

I 494–519

A 1

Der Vergleich mit Diana

a) Entscheiden Sie, aus welcher Erzählperspektive dieser aus der Odyssee übernommene Vergleich (dort gilt er der Nausikaa) hier gestaltet ist.

b) Bewerten Sie die Qualität des Vergleichs,
- indem Sie über das ‚tertium comparationis' hinaus nach Parallelen zwischen Gleichnis und Auftreten Didos suchen,
- indem Sie unter Berücksichtigung der Erzählperspektive die symbolische Ebene des Gleichnisses erarbeiten.

A 2

Die Erscheinung Didos

a) Untersuchen Sie unabhängig vom Vergleich, welchen Eindruck Dido auf Aeneas macht (Verben und Tempusgebrauch; Attribute).

b) Welche Herrschertugenden werden in den vv.505–508 verdeutlicht?

c) Zeigen Sie, daß in den vv.505–508 römische Praxis auf Karthago übertragen wird (lokale Angaben; Rechtsprechung; Vergabe öffentlicher Aufträge).

A 3

Das Erscheinen der Trojaner

a) Zeigen Sie, wie der Auftritt der Trojaner eingeleitet wird:
- Bestimmen Sie Funktion und Aussagewert des *cum* (v.509).
- Stellen Sie die Erzählperspektive fest.

b) Verdeutlichen Sie, was in Aeneas und Achates vorgeht:
- Worauf ist das Schwanken zwischen Freude und Besorgnis zurückzuführen?
- Warum geben sie ihre Reserviertheit noch nicht auf?

***A 4**

Zur Komposition

a) Arbeiten Sie die antithetische Struktur des Szenenpaars vv.437–465 und vv.494–519 heraus.

b) Zeigen Sie, daß der Gegensatz Rom – Karthago auch in diesen beiden Texten abgebildet ist.

I 561–630

A 1

Didos Antwort an die Trojaner

a) Deuten Sie aus dem Textzusammenhang die Mimik der Anfangszeile.

b) Interpretieren Sie die vv.565–568 (Funktion des Fragesatzes und der geographischen Angabe; Bedeutung von *pectus).*

c) Untersuchen und bewerten Sie Didos unterschiedliche Angebote:
- Wovon ist in v.570 exakt die Rede? Beachten Sie das Wortfeld, das die Begriffe umschließt.
- Welches Verhältnis zwischen Trojanern und Puniern wird in den vv. 572–574 zum Ausdruck gebracht?
- Lesen Sie zwischen den Zeilen 574 und 575: Welche Möglichkeiten könnten sich hier andeuten?
- Analysieren Sie den *si*-Satz (v.578) und seine grammatikalische Besonderheit (→Textband, Sprache III 4b).

A 2

Der Auftritt des Aeneas

a) Zeigen Sie die dramaturgischen Wirkungen der Vorbereitung (schon vv.561ff.), der Einleitung (579ff.) und der Inszenierung (Nebel!) von Aeneas' Auftritt.

b) Wie zeichnet Vergil die äußere Erscheinung des Helden? (Attribute, Vergleiche)

A 3

Aeneas' Rede

a) Wieweit ist von den Trojanern die Rede, wieweit von Dido?

b) Was für eine Haltung des Redners spiegelt der Satzbau wider?

c) Welcher Tonfall prägt die Rede?

d) Beurteilen Sie den Informationswert der Rede.

A 4

Didos Antwort

a) Von welcher inneren Haltung zeugen die Fragen am Anfang? Wie paßt der Klang (Metrik) von v.617 dazu?

b) Welcher neue Klang kommt mit v.627 in die Rede?

c) Worauf weisen die drei Schlußverse hin (dominierendes Wortfeld; Tempusgebrauch in v.630)?

I 709–756

A 1

Die Wirkung Amors (vv.709–722)

a) Wo läßt Vergil das Unechte der Situation anklingen?

b) Zeigen Sie, welchen Eindruck Amor auf Dido macht. (Was wird direkt charakterisiert? Wofür hat Dido zunächst kein Auge mehr?)

c) Belegen Sie die Wirkung Amors auf Dido mit den im Text verwendeten Wertungen:
- Charakterisieren Sie die Erzählhaltung.
- Beurteilen Sie die erzähltechnische Funktion der Wertungen.

A 2

Didos Gebet (vv.723–740)

a) Untersuchen Sie Inhalt und Funktion des Gebets der Dido.

b) Erläutern Sie, an wen sich das Gebet richtet und warum Dido sich gerade an diese Gottheiten wendet.

A 3

Die Unterhaltung (vv.740–756)

a) Welche Funktion hat der Sänger auf Didos Fest? Wovon erzählt sein Gesang?

b) Charakterisieren Sie das Verhalten Didos.
- Worauf ist ihr Hauptinteresse gerichtet? (Welche Wertungen bringt Vergil?)
- Welche stilistischen Merkmale unterstreichen Vergils Absichten?

A 4

Der drohende Konflikt

a) Diskutieren Sie die Art und Weise, wie Venus Aeneas und Dido behandelt.

b) Überlegen Sie, ob Venus' Vorgehen sich mit Juppiters Plänen (vgl. vv.254ff.) vereinbaren läßt.

c) Untersuchen Sie, welche Konflikte sich durch das Eingreifen der Venus für Dido und Aeneas ergeben können.

Liber II

II 287–297

A 1

Hektors Rede

a) Arbeiten Sie heraus, wie Hektor die Aussichtslosigkeit des Kampfs um Troja und den Auftrag an Aeneas begründet. (Deutet er auch Schwierigkeiten des Auftrags an?)

b) Analysieren Sie den Satzbau:
- Was wird durch seine Besonderheit unterstrichen?
- Was wird als Faktum vorgegeben, was als Aufforderung von Aeneas erwartet, was als gewisse Zukunft verheißen?

A 2

Der Kontext der Rede

a) Inwieweit werden Hektors Worte durch die äußeren Umstände mitbestimmt?

b) Worum handelt es sich bei *dei* (v.I 6) bzw. *sacra suosque penatis* (v. II 293) konkret?

c) Wodurch erscheint Hektor für seinen Auftrag legitimiert? Diskutieren Sie die Verbindlichkeit eines solchen Traumauftrags für Aeneas.

II 679–729

A 1

Die Vorzeichen

a) Wie verhalten sich die Erwachsenen angesichts des Flammenprodigiums? (Welche syntaktische und semantische Funktion haben die Infinitive vv.685/6?)

b) Warum bittet Anchises um eine Bestätigung des göttlichen Zeichens?
- Ziehen Sie zu Ihrer Deutung die Gesamtsituation hinzu: Ist das Omen eindeutig?
- Berücksichtigen Sie die Bedeutung, die die Auspizien für einen Römer hatten (vgl. dazu Z 14).

c) Warum drängt Anchises nach dem ‚Auspicium maximum' selbst zum Aufbruch? (Welche Wandlung hat er inzwischen durchgemacht?)

d) Welche Informationen liefert das Auspicium zusätzlich?

A 2

Der Aufbruch

a) In welcher inneren Verfassung verläßt Aeneas Troja?
- Belegen Sie am Text sowohl seine Entschlossenheit als auch seine Besorgnis.
- Erläutern Sie, worin diese Haltungen begründet sind.

b) Untersuchen Sie Eigenständigkeit und Abhängigkeit des Aeneas in diesem Textabschnitt.

c) Arbeiten Sie die Symbolhaltigkeit des Bildes heraus, das Aeneas beim Verlassen Trojas abgibt.

d) Vergleichen Sie Aeneas mit dem Heroen, mit dem er sich selbst in v.722 in Verbindung bringt: Worin besteht die Parallele? Wer von beiden ist größer?

e) Diskutieren Sie den Zusammenhang von göttlichem Wollen und menschlicher Initiative.

Z 14

aus: *Der Kleine Pauly, Bd. 1, Sp. 734/5:*
Augures

Deuter göttlicher Zeichen. Ihre Deutung bezieht sich aber nicht auf Voraussagen des Zukünftigen, sondern ausschließlich auf die Einholung göttlicher Zustimmung zu einer beabsichtigten Handlung. (...) Wichtige Staatshandlungen dürfen nur *auspicato* vorgenommen werden: Die Einholung selbst ist Sache des Magistrats (ursprüngl. durfte im privaten Bereich wohl jeder *pater familias* Zeichen einholen; das kam aber ganz außer Übung). (...) Die Zeichen zerfielen in 2 Hauptklassen, *auguria impetrativa* (erbetene Zeichen) und *au. oblata* (Zeichen, die unerbeten erscheinen); die *signa* selbst werden geschieden in 5 genera: *ex caelo, ex avibus, ex tripudiis, ex quadripedibus, ex diris;* doch scheint es früher auch noch andere gegeben zu haben. Für *auguria impetrativa* kommen nur die *signa ex caelo* (für die auguralen Kultakte) und die *signa ex avibus* (insbesondere für die magistrale Auguration) in Frage, *alites* geben durch ihren Flug, *oscines* durch ihre Stimme Zeichen. *dirae* sind immer ungünstig, sonst kommt es auf die Art, Ort, Richtung des Zeichens und auf die vorgesehene Handlung an. (...) Wie *maius* und *minus imperium,* so gibt es auch *maiora* und *minora auspicia.* Eigene *auspicia* hat nur der Inhaber eines selbständigen Oberkommandos. Vor der Abreise haben Feldherrn und Statthalter in Rom *auspicia* einzuholen, die nur in Rom erneuert werden können.

Liber IV

IV 1–30

A 1

Didos cura

a) Untersuchen Sie die Symptome, die Vergil Didos *cura* (v.1) zuordnet. (Wie intensiv ist sie? Welche Teile der Person werden von ihr erfaßt?)

b) Durch welche stilistischen Mittel wird die Bedeutung der *cura* unterstrichen? (Denken Sie nicht nur an die üblichen rhetorischen Mittel, sondern auch an die Qualität der Verben und Adjektive usw.)

c) Arbeiten Sie die Charakteristik Didos aus diesem Szenenabschnitt heraus:
– Wie wird sie vom Autor direkt oder indirekt charakterisiert?
– Wie sieht sie sich selbst? Ist sie Herrin ihrer Gefühle?

A 2

Didos Bekenntnis

a) Analysieren Sie Didos Sprache im ersten Teil ihrer Rede (Einstellungen, Gefühle).

b) Erläutern Sie Didos Entschluß vv.24–27. (Wie ernst ist er zu nehmen?)

***A 3**

Zum Frauenbild Vergils

a) Entwickeln Sie mit Hilfe von Z 15 (der Text stammt aus dem Beginn des 2. Jh. v. Chr.) die Vorstellungen der Römer von der idealen Ehefrau.
– Welche beiden römischen Grundtugenden liegen dem Komödientext zugrunde?
– Zeigen Sie an Dido, daß diese Vorstellungen auch für die augusteische Zeit noch Gültigkeit haben.

b) Diskutieren Sie den Wert solcher sittlicher Maßstäbe: Welche finden noch Ihre Anerkennung? Welche Akzente würden Sie anders setzen? Warum?

Z 15

Alkmene spricht zu ihrem Gatten Amphitryon, dem König von Theben.
T. Maccius Plautus: Amphitruo, vv.839–842:

Non ego illam mi dotem duco esse, quae dos dicitur, / sed pudicitiam et pudorem et sedatum cupidinem, / deum metum, parentum amorem et cognatum concordiam, / tibi morigera atque ut munifica sim bonis, prosim probis. /

Jenes, was man Mitgift nennt, ist meiner Ansicht nach nicht die rechte Mitgift, / sondern Keuschheit und Sittsamkeit und Beherrschung der Leidenschaften, / Gottesfurcht, Liebe zu den Eltern und ein harmonisches Verhältnis zur Verwandtschaft, / daß ich dir gehorsam bin und entgegenkommend zu den Guten und hilfreich zu den Anständigen.

IV 54–89

A 1

Didos Wandlung

a) Wie wirken Aeneas' Worte auf Dido?
– Welche Verhaltensänderung wird angedeutet, und wie wird sie gewertet?
– Wie spiegelt sich der Vorgang im Bau der vv.54/5?

b) Wozu und mit welchem Erfolg opfert Dido?

c) Welche Besonderheiten der Erzählperspektive prägen die vv.65–69?

d) Analysieren Sie die indirekte Beschreibung Didos im Gleichnis:
– Welche äußeren und inneren Zustände spiegelt es wider?
– Welche Hinweise auf die Schuldfrage und den Ausgang können Sie ihm entnehmen?

A 2

Auswirkungen der Wandlung

a) Wie veranschaulicht Vergil Psychisches? (Symptome, sprachliche Gestaltung)

b) Wie verhält sich Dido im Beisein des Aeneas, wie in seiner Abwesenheit?
- Welche Unterschiede beobachten Sie? Worin sind sie begründet?
- Könnte man ihr Verhalten in Aeneas' Gegenwart als normal bezeichnen?

* **c)** Die Nachwirkung der Dichtungen Vergils dauert nun schon über zweitausend Jahre. Wie sehr die Rezeption gerade der Aeneis durch Nachahmung geprägt ist, zeigt das Beispiel aus der Mitte des 2. Jh. n. Chr. (Z 16): Mit welchen Stellen läßt sich die bewußte Vergilnachfolge durch Apuleius belegen?
- Auf wen bezieht sich *vatum* (v.65), auf wen *medicorum* im vorletzten Satz von Z 16? Bewerten Sie die Unterschiede.
- Zeigen Sie, worin Vergil seinem Nachahmer noch überlegen ist.

* **d)** Welche Aufgabe erfüllen die vv.86–89?
- Wozu hat Vergil wohl gerade diesen Bereich des karthagischen Lebens ausgesucht?
- Wie spiegelt sich die Absicht des Dichters in der Metrik der Verse?

Z 16

L. Apuleius: Metamorphosen *(Komischer Roman in 11 Büchern, ca. 175 n. Chr.) X 2,3–7:*

Iam ergo, lector optime, scito te tragoediam, non fabulam legere et a socco ad cothurnum ascendere.

Sed mulier illa, quamdiu primis elementis cupido parvulus nutriebatur, inbecillis adhuc eius viribus facile ruborem tenuem deprimens silentio resistebat. At ubi completis igne vaesano totis praecordiis inmodice bacchatus Amor exaestuabat, saevienti deo iam succubuit et languore simulato vulnus animi mentitur in corporis valetudine.

Iam cetera salutis vultusque detrimenta et aegris et amantibus examussim convenire nemo qui nesciat: pallor deformis, marcentes oculi, lassa genua, quies turbida et suspiritus cruciatus tarditate vehementior. Crederes et illam fluctuare tantum vaporibus febrium, nisi quod et flebat.

Heu medicorum ignarae mentes, quid venae pulsus, quid coloris intemperantia, quid fatigatus anhelitus et utrimquesecus iactatae crebriter laterum mutuae vicissitudines? Dii boni, quam facilis, licet non artifici medico, cuivis tamen docto Veneriae cupidinis comprehensio, cum videas aliquem sine corporis calore flagrantem!

Sei dir also, bester Leser, nunmehr bewußt, daß du eine Tragödie, keine Posse liest und vom komischen zum hohen tragischen Stil aufsteigst:

Diese Frau leistete ja, solange das noch zarte Verlangen seine erste Nahrung fand, seinen noch schwachen Kräften leicht Widerstand, indem sie die beschämende Neigung stillschweigend unterdrückte. Aber sobald ihre ganze Brust von wahnsinniger Glut erfüllt war und Amor in maßlos wilder Begeisterung zu toben begann, da erlag sie dem rasenden Gott: Unter Vorspiegelung einer Unpäßlichkeit verbirgt sie ihre Herzenswunde hinter körperlichem Gebrechen.

Daß die weiteren Beeinträchtigungen des Wohlbefindens und des Aussehens sowohl bei Kranken als auch bei Verliebten vollkommen übereinstimmen, weiß ja ein jeder: entstellende Blässe, matte Augen, weiche Knie, unruhiger Schlaf und Seufzen, das mit allmählich zunehmendem Leiden immer stärker wird. Man hätte glauben können, daß sie nur aufgrund von Fieberschüben in Wallungen gerate, außer daß sie auch noch weinte.

Ach, daß die Ärzte nicht merken, was heftig schlagender Puls, was ständig wechselnde Gesichtsfarbe, was schwacher Atem und das häufige Herumwerfen von einer auf die andere Seite für Symptome sind! Ihr guten Götter! wie leicht ist es doch, mag sein nicht für einen fachkundigen Arzt, aber für jeden, der in der Liebe Erfahrung hat, Liebesleidenschaft zu diagnostizieren, wenn man jemand ohne körperliche Hitze in Flammen stehen sieht.

IV 160–172

A 1

Das Unwetter

a) Welche Rolle spielt das Unwetter für den Erzählvorgang?

b) Zeichnen Sie seine Phasen nach.

c) Durch welche lautlichen Mittel unterstreicht Vergil die Gestaltung des Unwetters?

A 2

Die Vereinigung

a) Wer außer Dido und Aeneas ist an der Szene beteiligt? (Zuständigkeit, warum keine Menschen?)

b) Welche Hinweise zeigen klar, daß es sich um eine Hochzeit handeln soll? (Vergegenwärtigen Sie sich anhand von Z 17 die symbolischen Vorgänge bei einer Hochzeit.)

c) Mit welchen Stilmerkmalen hat Vergil die Szene ausgestattet?

– Zeigen Sie – verbal oder graphisch –, wie schon in v. 165 der ganze Vorgang erfaßt ist.

– Was zeigt Vergil, was läßt er weg? (Worauf hat er den Vorgang reduziert?)

A 3

Die Wertung der Vereinigung

a) Welche Zukunftsprognose wird dieser Vereinigung gegeben?

b) Wie wird die Schuldfrage gesehen?

– Zeigen Sie, inwiefern Dido hier gegen Normen verstößt. (Vgl. den Beginn des IV. Buches)

– Was verdeutlicht die Abfolge der Verbformen (Modi) in vv. 170–172?

* A 4

Die Bedeutung dieser Szene

a) Versuchen Sie, den Anlaß, sich in der Höhle zu vereinigen, nicht nur als Arrangement der Juno zu deuten, sondern auch in seinem symbolischen Wert:

– Welches Licht wirft der Kontext (Unwetter) auf das folgende Geschehen?

– Welche Funktion könnte der Rahmen haben, den Vergil um die eigentliche Vereinigungsszene (vv. 165–168) schließt?

b) Untersuchen Sie die *omina* der Szene:

– Was für ein konkreter Vorgang ist das *signum* (v. 167) der *Tellus?*

– Was bedeuten die *Ignes* (v. 167) (außer für Dido)?

– Welchen Klangwert hat *ululare* (v. 168)?

c) Versuchen Sie eine abschließende Wertung von Vergils Darstellung.

d) Vergleichen Sie das Ergebnis mit der mittelalterlichen Darstellung des Vorgangs, die Z 18 wiedergibt.

Z 17

aus: Lexikon der Antike, hrsg. v. J. Irmscher:
Hochzeit

Die Braut hatte ihr Jugendkleid, die toga praetexta, abzulegen und eine Tunika mit einem bes. geknoteten Gürtel zu tragen. Ein orangefarbener Schleier bedeckte Haar und Gesicht. Frühmorgens wurden die Auspizien vorgenommen und unter Anrufung der Ehegottheiten die rechten Hände des Brautpaares von der Pronuba, einer Frau, die nur einmal verheiratet sein durfte und die gleichsam als Stellvertreterin der Ehestifterin Juno fungierte, vereinigt. Es folgte das erste gemeinsame Opfer der Vermählten. Die Begleitung der Braut in das neue Heim fand gewöhnlich abends mit einem Fackelzug und unter Flötenklang statt, wobei auch possenhafte und teils unzüchtige Verse (Fescenninen) gesungen wurden. Über die Schwelle des festlich geschmückten Hauses des Bräutigams wurde die Braut gehoben, um die Dämonen nicht zu beunruhigen. Es folgte das meist üppige H.smahl unter Musik und Gesang, bes. des H.sgesanges (Epithalamium, Hymenaeus). Nach dem Brautbad führte die Pronuba die junge Frau als erste in das Schlafgemach.

Z 18

Der niederdeutsche Dichter Heinrich von Veldeke, der nicht auf Vergil selbst, sondern auf einer französischen Romanfassung basiert, stellte in seinem kurz vor 1200 geschriebenen Versepos „Eneide“ die Vereinigung von Dido und Aeneas völlig im Geist des höfischen Lebens seiner Zeit und ihrer Minnevorstellung dar. (Text nach: Schieb, G./Frings, Th., Berlin 1964)

Heinrich von Veldeke: Eneide

Du sagen sie einen boum stan
dicke ende wale gedan.
dar tu quamen si gerant.
du halp der mare wigant
der vrouwen tut der erden.
du muste da werden
des lange gegert was.
du nam der here Eneas
di vrouwe under sin gewant.
wale gescapen he si vant.
he begreip si bit den armen.
du begunde heme erwarmen
al sin vleisch ende sin blut.
du gewan he manliken mut,
dar mede nam he di overhant.
der vrouwen he sich underwant.
hen ne was niman na,
si twe waren eine da.
vele scone was di stat.
minnelike he si bat
dat si heme gewerde
des si selve gerde,
idoch sprac si da wedere,
ende he legete si dar nedere,
alse't Venus gerit.
si ne mochte sich erweren nit.
he dede here dat he wolde,
so dat he here hulde
manlike behilt.
wir weten wale wat des gewilt.
Du et also was komen
alse ir wale hebbet vernomen,
ende si danne solden riden,
du was in kurten tiden
here gewant worden nat.
idoch was here vele bat
dan si da heime ware bleven.
dat dir was rechte gedreven.
so der man so gescutet
dat he's wale genutet,
so gelivet heme di vart.
du et scone weder wart
ende der regen vore quam,
under sine arme he se nam

Da erblickten sie einen Baum,
dicht und schön gestaltet.
Zu diesem kamen sie gerannt.
Da half der stattliche Held
der Dame aus dem Sattel.
Hier mußte das zustandekommen,
wonach man sich lange gesehnt hatte.
Da nahm der Ritter Aeneas
die Dame unter seinen Mantel.
Er fand sie vortrefflich gestaltet.
Er umfaßte sie mit seinen Armen.
Da begann warm zu werden
sein ganzer Körper.
Da ging er männlich entschlossen vor,
damit gewann er die Oberhand.
Er bemächtigte sich der Frau.
Niemand war in ihrer Nähe,
sie beide waren völlig allein.
Der Platz war sehr schön.
In liebenswerter Weise bat er sie,
ihm zu gewähren,
wonach sie sich selbst sehnte.
Jedoch sie wehrte sich mit Worten,
und er legte sie nieder,
wie Venus es empfohlen hatte.
Sie konnte sich nicht erwehren.
Er erlegte ihr seinen Willen auf,
so daß er ihre Huld
als vortrefflicher Mann nicht verlor.
Wir wissen wohl, was das zu bedeuten hat.
Als es so gekommen war,
wie ihr es wohl vernommen habt,
und sie hätten davonreiten sollen,
da war in kurzer Zeit
ihr Gewand naß geworden.
Doch fühlte sie sich viel besser,
als wenn sie zu Hause geblieben wäre.
Das Wild war nach den Regeln gejagt.
Wenn der Mann so geschossen hat,
daß er die Gelegenheit gut genutzt hat,
dann ist ihm der Ausritt angenehm.
Als das Wetter wieder schön wurde
und das Unwetter vorüber war,
faßte er sie unter ihre Arme

ende huf si in dat gereide.
al siner arbeide
londe heme minneclike
vrouwe Dido di rike.
Du was die vrouwe Dido
beide rouwech ende vro.
ich segge uch wes si vro was,
dat si der wunden genas
da si unsachte mede qual
di wile si't Enease hal,
ende was idoch des unvro
dat si so schire also
sinen wille gedede
dore so wenege bede.
het dede here michele not
si muste anders wesen dot
di vroude ne ware here weder komen
dar mede si here was benomen,
du si so sere wunt wart.
dat is der rechter minnen art.
het is genugen wale kunt,
weme si rechte maket wunt,
sal de immer genesen,
dat mut bit here helpen wesen.

und hob sie in ihren Sattel.
Alle seine Anstrengung
dankte ihm huldvoll
die vornehme Dame Dido.
Da war die Dame Dido
zugleich bekümmert und glücklich.
Ich sage euch, weshalb sie glücklich war:
daß sie von der Wunde geheilt wurde,
unter der sie heftig litt,
solange sie sie vor Eneas verborgen hielt.
Unglücklich war sie aber deswegen,
weil sie schon in so kurzer Zeit
ihm zu Willen gewesen war,
ohne sich lange bitten zu lassen.
Das stürzte sie in große Not,
als müsse sie sterben,
wenn ihr die Freude nicht wiederkäme,
mit der ihr die Freude genommen war,
da sie so tödlich verwundet worden war.
Das ist die Beschaffenheit wahrer Minne.
Es ist genügend Leuten bestens bekannt:
Wen sie richtig wund macht,
soll dieser jemals wieder gesund werden,
so geht das nicht ohne ihre Hilfe.

IV 173–197

A 1

Gestalt und Wirken der Fama

a) Welche Züge verleiht Vergil der Fama?

b) Wie wird sie selbst und ihre Wirkung im Text gewertet?

c) Welche Beispiele gibt Vergil für ihre Leistung?

– Wenden Sie die Differenzierungen der vv.188 und 190 auf diese Beispiele an.

– Diskutieren Sie, wie die Fama insgesamt bei Vergil wegkommt.

* A 2

Die Allegorie und ihre Funktion

a) Ordnen Sie die Allegorie in den Handlungszusammenhang ein. (Zusammenhang mit dem *fama*-Begriff in v. IV 170; weitere Textsignale, die die Entwicklung charakterisieren)

b) Analysieren Sie den im Textband als Abb. zur Stelle wiedergegebenen Holzschnitt, und diskutieren Sie, ob der moderne Künstler mit seiner Darstellung des Phänomens über Vergil hinausgeht oder hinter seiner Leistung zurückbleibt.

c) An dieser Stelle sollen Sie ein Beispiel für antike Literaturkritik kennenlernen (Z 19); es stammt aus der Zeit um 400 n. Chr. Charakterisieren Sie die Art, in der hier Kritik an der Aeneis geübt wird; können Sie ihr zustimmen?

Z 19

Ein Handbuch griechischer Bildung stellt neben Vergils Verse ein Zitat aus der Ilias (IV 442f):
A. Th. Macrobius: Saturnalia V 13, 31–33:

[ἥτ' ὀλίγη μὲν πρῶτα κορύσσεται, αὐτὰρ ἔπειτα
οὐρανῷ ἐστήριξε κάρη καὶ ἐπὶ χθονὶ βαίνει.]
parva metu primo, mox sese attollit in auras,/ingrediturque solo et caput inter nubila condit.

Homerus ἔριν, id est contentionem, a parvo dixit incipere et postea in incrementum ad caelum usque succrescere.
Hoc idem Maro de Fama dixit, sed incongrue. Neque enim aequa sunt augmenta contentionis et famae, quia contentio, etsi usque ad mutuas vastationes ac bella processerit, adhuc contentio est, et manet ipsa, quae crevit; fama vero cum in immensum prodit, fama esse iam desinit et fit notio rei iam cognitae. Quis enim iam famam vocet, cum res aliqua a terra in caelum nota sit? Deinde nec ipsam hyperbolēn potuit aequare. Ille caelum dixit, hic auras et nubila. Haec autem ratio fuit non aequandi omnia, quae ab auctore transcripsit, quod in omni operis sui parte alicuius Homerici loci imitationem volebat inserere nec tamen humanis viribus illam divinitatem ubique poterat aequare.

Homer sagt, Eris, d. h. der Streit, beginne ganz klein und erhebe sich später beim Wachsen bis zum Himmel empor. Genau dasselbe sagt Vergil über das Gerücht, aber unzutreffend. Denn das Wachstum ist beim Streit und beim Gerücht nicht vergleichbar, weil der Streit, auch wenn er bis zu gegenseitiger Verwüstung und zu Kriegen sich entwickelt, immer noch Streit ist und das bleibt, was sich entwickelt hat; das Gerücht aber hört, sobald es ins Unermeßliche wächst, auf, ein Gerücht zu sein, und wird zur Kenntnis einer nunmehr bekannten Sache. Denn wer könnte das noch Gerücht nennen, wenn etwas von der Erde bis zum Himmel bekannt ist? Ferner konnte Vergil nicht einmal das Stilmittel der Übertreibung selbst in gleicher Qualität nachschaffen: Jener sagte „Himmel“, dieser „Lüfte“ und „Wolken“. Das aber war der Grund, daß er nicht bei allem, was er vom Original übernommen hat, die gleiche Qualität erreichte: Er wollte in jeden Abschnitt seines Werks die Nachbildung irgendeiner homerischen Stelle einfügen, konnte jedoch mit seinen menschlichen Kräften jene überirdische Meisterschaft nicht überall erreichen.

IV 259–295

A 1
Aeneas in Karthago

a) Welches äußere Erscheinungsbild bietet Aeneas?

b) Welche innere Verfassung entspricht der äußeren?
- Inwiefern kann der orientalische Luxus Auswirkungen auf den Charakter haben?
- Wie steht es um Aeneas' Selbstbewußtsein, wie um seine Sendung?

A 2
Merkurs Auftrag

a) Wie wertet Merkur das Verhalten des Aeneas?
- Charakterisieren Sie Perspektive und Tonfall seiner Worte.
- Welche beiden Vorwürfe umfaßt die Wendung *uxorius urbem* (v.266)? Zeigen Sie, daß in dieser Wendung auch die übrigen Vorwürfe enthalten sind.

b) Entwickeln Sie die Gegenposition dazu, den positiven Auftrag Juppiters. (Woran appelliert Merkur in den vv. 271/2, woran in den vv.274–276?)

c) Arbeiten Sie aus der Textstruktur den Gegensatz Rom – Karthago heraus (Stellung der Städtenamen; was bedeutet die Nennung Roms? Warum wird Aeneas' Sohn in v.274 gleich zweimal genannt?).

*A 3
Die Wirkung der Botschaft

a) Erarbeiten Sie die unterschiedlichen Erzählperspektiven, die diesen Abschnitt (vv.279–295) bestimmen:

– Wie wird die unmittelbare Reaktion des Aeneas gezeigt (gestisch, psychisch)?
– Welches erzählerische Mittel wird in den vv.283/4 eingesetzt, welche inneren Vorgänge spiegelt es wider?
b) Verdeutlichen Sie sich den Konflikt des Aeneas:
– Ist er sich der Konsequenzen seines Entschlusses bewußt?
– Weshalb will er ihn vor Dido vorerst geheimhalten?
– Liebt er Dido und Karthago?
c) Was veranlaßt Aeneas, auf Merkurs Vorhaltungen einzugehen?
– Worin erblickt er seine Legitimation? (äußerlich; seiner eigenen psychischen Verfassung nach: Was verkörpert der Gott also?)
d) Muß Aeneas diesem Auftrag überhaupt Folge leisten?
* Ziehen Sie Z 20 zum Vergleich heran:
– Welche Erfahrung ist in dieser Strophe aus einem Altersgedicht Goethes festgehalten?
– Welche Grenzen sind der Entscheidungsfreiheit des Menschen gesteckt?
– Inwieweit kann Goethes Text den Vorgang in der Aeneis erhellen?

Z 20
J. W. v. Goethe, Urworte – Orphisch: ΑΝΑΓΚΗ, Nötigung

Da ist's denn wieder, wie die Sterne wollten:
Bedingung und Gesetz; und aller Wille
Ist nur ein Wollen, weil wir eben sollten,
Und vor dem Willen schweigt die Willkür stille;
Das Liebste wird vom Herzen weggescholten,
Dem harten Muß bequemt sich Will' und Grille.
So sind wir scheinfrei denn nach manchen Jahren
Nur enger dran, als wir am Anfang waren.

IV 296–330

A 1
Didos Verhalten
a) Bewerten Sie die Gründe, die für Didos Mißtrauen angeführt werden.
b) Beurteilen Sie Didos Verhalten: Wovon wird es bestimmt?
– Welches Wortfeld wird für ihre Charakterisierung verwendet?
– Was leistet der Vergleich?

A 2
Didos Rede
a) Wie bewertet Dido Aeneas' Verhalten? (direkte Charakterisierungen, indirekte Feststellungen, z. B. Wortwahl)
b) Welche Argumente gegen eine baldige Abfahrt des Aeneas trägt sie vor?
– Unterscheiden Sie zwischen persönlichen und sachlichen Argumenten.
– Welchen Stellenwert hat in ihrer Argumentation die mehrmalige Nennung Trojas?
c) Machen Sie den Beschwörungscharakter der vv.314-326 an inhaltlichen und formalen Kriterien deutlich.
d) Mit welchen Ansprüchen untermauert Dido ihre Bitten?
– Welche Bedeutung mißt sie der Szene in der Höhle (vv.IV 165ff.) bei?
– Welchen Stellenwert haben die Begriffe *pudor* (v.322) und *fama* (v.323)? (Ziehen Sie auch frühere Textstellen heran.)
– Was klingt alles in *hospes* (v.323) an?
e) Verdeutlichen Sie am Beispiel von v.314 Didos innere Verfassung:
– Untersuchen Sie die personenbestimmten Textsignale und ihre Verteilung.
– Analysieren Sie den Satzbau.

f) Der Name Aeneas wird im IV. Buch von Dido nur in v.329 verwendet; *parvulus* (v.328) ist das einzige diminutive Adjektiv in der ganzen Aeneis. Arbeiten Sie, von diesen Feststellungen ausgehend, die Gefühlswerte dieses Textabschnitts heraus.
g) Vergleichen Sie den Schlußabschnitt der Rede (vv.327–330) mit den vv.IV 83–85.
*** A 3**
Der Verlauf der Rede
a) Untersuchen Sie das Verhältnis von Ratio und Affekt in Didos Rede:
– Welche Hoffnungen macht sich Dido noch?
– An welchen Stellen spielt sie schon mit dem Gedanken an den Tod?
– Welche verschiedenen Einstellungen zu Aeneas prägen die Rede?
b) Bewerten Sie die Reihenfolge der verschiedenen Sprechakte auf das sich in ihnen äußernde Selbstverständnis Didos und die sich in ihnen spiegelnden sozialen Rollen hin.

IV 331–361

A 1
Aeneas' innerer Kampf
a) Zeigen Sie, was vv.331–333 unter der Oberfläche in Aeneas vor sich geht:
– Was bedeutet *cura?* (Erinnern Sie sich auch an den Beginn von Buch IV.)
– Welche Ausdruckskraft haben die Verbformen?
b) Vergleichen Sie Aeneas' Haltung mit der bei seiner Trostrede an die Gefährten (vv. I 198–209).
A 2
Aeneas' Verhältnis zu Dido
a) Wie stellt er selbst seine Beziehungen zu Dido dar (Funktion der Auftaktworte *ego te;* Art der Anrede bzw. Bezeichnung)?
b) Welchen Sinnesbereichen gehören die Empfindungen an, die die Erinnerung an Dido wachhalten? Welcher Bereich dominiert?
c) Vergleichen Sie die vv.333–336 mit den Worten, die Aeneas bei seiner Ankunft an Dido richtete (vv.I 595–610).
d) Welche Absichten hatte Aeneas mit Dido, welche nicht (vv.337–339)?
– Arbeiten Sie den entscheidenden Gegensatz zu Dido heraus.
– Bewerten Sie von dieser Erklärung aus Aeneas' Verhalten in der Höhle (vv. 165ff.).
A 3
Der Wille der Fata
a) Welche Begriffe verwendet Vergil in den vv.340–350 für die Fata?
b) Welche Werte hätten ohne diese Fata Aeneas' Leben (vv.340–344) bestimmt?
c) Welches Ziel wird von den Fata dem entgegengestellt?
d) Durch welche Medien treten die Fata in Erscheinung? Deuten Sie die vv.351–359 psychologisch!
A 4
Aeneas' Antwort an Dido
a) Ordnen Sie die Aussagen des Aeneas denen Didos in den vv.IV 305–340 zu. (Wie weit geht er auf Didos Ängste ein?)
b) Untersuchen Sie Aeneas' Worte auf Gefühlswerte hin:
– Wie bewertet er die Emotionen Didos?
– In welchem Zusammenhang erkennt er eigene Gefühle an?
– Welcher Tonfall beherrscht seine Schlußworte?
c) Erläutern Sie den Sinn des unvollendeten Schlußverses.
*** d)** Ziehen Sie Z 21 zum Vergleich heran:
– Was an Goethes Situation ist mit der des Aeneas vergleichbar, was nicht?
– Bewerten Sie die Situation von Ihrem Standpunkt aus: Gelten im Zeitalter der Gleichberechtigung solche Differenzierungen noch, wie Goethe sie zwischen ‚Jüngling' und ‚Frauenzimmer' vornimmt? Entsteht durch die Lösung einer Partnerschaft heute eine ‚peinliche Lage'?

Z 21

Im Zusammenhang mit seiner Lösung von Friederike Brion schreibt Goethe:
J. W. v. Goethe: Dichtung und Wahrheit, 11. Buch:

Ein Mädchen, das einem Manne entsagt, dem sie ihre Gewogenheit nicht verleugnet, ist lange nicht in der peinlichen Lage, in der sich ein Jüngling befindet, der mit Erklärungen ebensoweit gegen ein Frauenzimmer herausgegangen ist. Er spielt immer eine leidige Figur: denn von ihm, als einem werdenden Manne, erwartet man schon eine gewisse Übersicht seines Zustandes, und ein entschiedener Leichtsinn will ihn nicht kleiden. Die Ursachen eines Mädchens, das sich zurückzieht, scheinen immer gültig, die des Mannes niemals.

IV 362–396

A 1
Wiederholung der Vorwürfe

a) Bewerten Sie die gestische Komponente von Didos Reaktion (vv.362–364).

b) Wie ist der Vorwurf der Grausamkeit (vv.365–372) gestaltet?
– In welcher Person ist von Aeneas die Rede?
– Beurteilen Sie Satzbau, Bildgehalt und Klanggestalt (bes. vv.365/6 und 371).

* **c)** Welchen zweiten Vorwurf wiederholt Dido (vv.373ff.)?
– In welch unterschiedlicher Weise greift sie Argumente des Aeneas auf?
– Bestimmen Sie Tonfall und Klang: Wie bewerten Sie die Argumentation?
– Welche Gottesvorstellung liegt der Aussage Didos (vv.376–380) zugrunde? Stimmt sie mit ihrer sonstigen Haltung überein?

A 2
Didos Abschied

a) Welche Affekte sprechen aus den letzten Worten Didos, die sie an Aeneas richtet?

b) Didos Abgang stellt eine Fortsetzung ihrer Rede mit anderen Mitteln dar. Zeigen Sie an den vv.388–392 ihren inneren und äußeren Zustand auf.

A 3
Aeneas' Reaktion

a) In welcher Verfassung läßt Dido Aeneas zurück?
– Könnte sich *metu* (v.390) auch auf ihn selbst beziehen?
– Warum zögert er, sie noch einmal anzusprechen?

b) Weisen Sie nach, daß sich Aeneas' Übergang zu den Tagespflichten nicht ohne innere Spannungen vollzieht.

c) Will der Dichter sein Verhalten als gerechtfertigt gelten lassen?

A 4
Die Trennung

a) Stellen Sie fest, was Didos Antwort auf Aeneas' Rechtfertigung Neues bringt (in Argumentation und Haltung).

b) Untersuchen Sie bei Dido und Aeneas, inwieweit Worte und Gefühle miteinander in Einklang stehen, und bewerten Sie Ihre Beobachtungen.

IV 586–629

A 1
Didos erste Reaktion auf Aeneas' Abfahrt (vv.586–594)

a) Untersuchen Sie den Ablauf in Didos Bewußtsein von der sinnlichen Wahrnehmung bis zur sprachlichen Äußerung:
– Bedeutet *sensit* (v.588) nur eine Wiederaufnahme von *vidit* (v.587)?
– Was bringen die Gesten in den vv.589/90 zum Ausdruck?
– Welche Haltung spricht aus den ersten Sätzen, durch welche wird sie abgelöst?

b) Analysieren Sie die Abfolge der Verben und Verbformen. (Funktion des Futur; warum so viele Imperative?)

A 2

Didos Abrechnung mit der Vergangenheit (vv.595–606)

a) Bedeutet v.595 ein Einlenken Didos?

b) Worauf beziehen sich Didos Selbstvorwürfe genau?

c) Welches Bild von Aeneas zeichnet Dido hier? Welche seiner Eigenschaften zieht sie in Zweifel?

d) Bewerten Sie die Alternativen, die sie zu ihrem früheren Verhalten anbietet. (Welchem Bereich gehören sie an? Sind sie ernstgemeint oder nur rhetorisches Beiwerk?)

A 3

Das Fluchgebet (vv.607–621)

a) Warum ruft Dido gerade diese Götter an; in welcher Funktion werden sie aufgeboten?

b) Analysieren Sie den Inhalt der Bitten.

A 4

Didos Vermächtnis an ihr Volk

a) Verdeutlichen Sie die antizipatorische Bedeutung von Didos Verwünschungen:

– Wer ist mit *aliquis* (v.625) historisch wohl gemeint?

– Welche räumliche und zeitliche Dimension wird der Erbfeindschaft zwischen Karthagern und Römern gegeben?

b) Vergegenwärtigen Sie sich noch einmal den Anlaß, der Konsequenzen in solchen Dimensionen nach sich ziehen soll:

– Für welche menschliche Fehlhaltung gibt Dido hiermit ein Beispiel?

– Welches Licht wird damit auf die historischen Folgen dieses schicksalhaften Zusammentreffens geworfen?

A 5

Didos Tod

a) Entwickeln Sie aus diesem Textabschnitt heraus die Unausweichlichkeit von Didos Tod.

b) Diskutieren Sie die Frage, wer an Didos Tod schuld ist.

Liber VI

VI 450–476

A 1

Aeneas' Gesprächsversuch

a) Wie reagiert Aeneas auf Dido?

– Ist er auf die Begegnung vorbereitet?

– Von welcher inneren Einstellung zeugt v.455?

b) Schließen Sie aus Aeneas' Worten auf seine innere Verfassung. Wird seine Rede primär von Schuldgefühlen gelenkt?

c) Wie beurteilen Sie die Glaubwürdigkeit der Entschuldigungen, die Aeneas vorbringt?

A 2

Didos Verhalten

a) Wie wird Dido gezeigt (äußere Erscheinung, Wirkung)?

b) Wie verhält sie sich gegenüber Aeneas? (direkte Wertungen; Vergleich in v.471; Unterschied zwischen Aeneas und Sychaeus?)

c) Was würde es bedeuten, wenn Aeneas Dido Tränen entlocken könnte? (Denken Sie nicht nur an die Tränen, die Aeneas in dieser Szene selbst vergießt, sondern auch an Ihre Deutung von v.I 442.)

*** A 3**

Ein literarisches Motiv

a) Was hat Vergil von Homer (Z 22) übernommen, was verändert? (Gründe?)

b) Weisen Sie die Abhängigkeit der Darstellung Ovids (Z 23) von Vergil nach. (Berücksichtigen Sie, daß die Unterschiede nur die äußere Situation, nicht die Kernaussage berühren.) →

c) Diskutieren Sie auf der Grundlage von Goethes Gestaltung des Motivs (Z 24) die Angemessenheit von Aeneas' Verhalten.

***A 4**

Zur Didotragödie

a) Vergleichen Sie abschließend die Haltung von Dido und Aeneas mit der in früheren Darstellungen ihres Verhältnisses.

b) Welche Bedeutung hat das Didoabenteuer für die Entwicklung des Aeneas und für die Struktur des Vergilschen Epos?

c) Fertigen Sie eine Skizze der Persönlichkeit des Aeneas, und vergleichen Sie sie mit Z 25. Berücksichtigen Sie auch die Dimensionen, die in Z 11 angeklungen sind.

d) Diskutieren Sie, ob Aeneas und Dido unter die großen Liebespaare der Weltliteratur einzureihen sind.

Z 22

Am kimmerischen Eingang zur Unterwelt hat Odysseus eine Begegnung mit einer Reihe von Verstorbenen, deren Seelen sich dazu drängen, vom Blut seines Opfertiers zu trinken:
Homer: Odyssee XI 543–564 *(übersetzt von Thassilo von Scheffer):*

Abseits und allein stand nur die Seele des Aias,
Telamons Sohn; er grollte mir ja noch wegen des Sieges,
Den ich damals errang, als wir bei den Schiffen gerechtet
Um die Wehr des Achilleus, den Preis seiner herrlichen Mutter;
O hätt ich doch nie um diesen Kampfpreis gewonnen!
Solch ein herrliches Haupt ging wegen der Waffen zugrunde,
Das des Aias, der an Wuchs und Taten der größte
Unter der Danaer Zahl nach dem herrlichen Sohne des Peleus.
So versuchte ich denn mit freundlichen Worten zu sprechen:
„Aias, o du Sohn des großen Telamon, grollst du
Mir als Toter noch um jene verderblichen Waffen,
Dieses Fluchgeschenk der Götter an die Argeier?
Du, solch Turm und Hort, gingst drum zugrunde, Achaias
Völker haben dich wie den Peliden Achilleus
Heiß und immerfort umtrauert. Schuldig ist keiner
Außer Zeus; denn auf dem Heer der danaischen Krieger
Lastete grimm sein Haß, der auch dein Ende verschuldet.
Drum tritt näher und höre auf unsere Rede und Worte,
Herrscher, laß fahren den Groll, bezwinge die trotzige Seele."
Sprachs. Er erwiderte nichts und schwebte wieder zum finstern
Erebos tief hinab zu den anderen Geistern der Toten.

Z 23

Hecuba, die Gattin des Priamos, die, von den Griechen verschleppt, soeben ihre Tochter Polyxena als Opfer an die Manen des Achilleus verloren hat, findet am thrakischen Strand die Leiche ihres Sohnes Polydorus, den sie vor den Griechen in Sicherheit geglaubt hatte:
P. Ovidius Naso: Metamorphosen XIII 538–542:

Troades exclamant: obmutuit illa dolore,
et pariter voces lacrimasque introrsus obortas
devorat ipse dolor, duroque simillima saxo
torpet, et adversa figit modo lumina terra,
interdum torvos sustollit ad aethera vultus.

Z 24

An der Bahre Maries, die er verlassen hatte, um seiner glänzenden Begabung zu folgen und als politischer Journalist Karriere zu machen, trauert Clavigo:
J. W. v. Goethe: Clavigo. 5. Akt:

Clavigo. In der Ferne die Leichenmänner

CLAVIGO. Tot! Marie tot! Die Fackeln dort! ihre traurigen Begleiter! - Es ist ein Zauberspiel, ein Nachtgesicht, das mich erschreckt, das mir einen Spiegel vorhält, darin ich das Ende meiner Verrätereien ahnungsweise erkennen soll. - Noch ist es Zeit! Noch! - Ich bebe, mein Herz zerfließt in Schauer! Nein! Nein! du sollst nicht sterben. Ich komme! Ich komme! - Verschwindet, Geister der Nacht, die ihr euch mit ängstlichen Schrecknissen mir in den Weg stellt - *Er geht auf sie los.* Verschwindet! - Sie stehen! Ha! sie sehen sich nach mir um! Weh! Weh mir! es sind Menschen wie ich. - Es ist wahr - Wahr? - Kannst dus fassen? - Sie ist tot - Es ergreift mich mit allem Schauer der Nacht das Gefühl: Sie ist tot! Da liegt sie, die Blume, zu deinen Füßen - und du - Erbarm dich meiner, Gott im Himmel, ich habe sie nicht getötet! - Verbergt euch, Sterne, schaut nicht hernieder, ihr, die ihr so oft den Missetäter saht in dem Gefühl des innigsten Glückes diese Schwelle verlassen, durch eben diese Straße mit Saitenspiel und Gesang in goldnen Phantasien hinschweben und sein am heimlichen Gegitter lauschendes Mädchen mit wonnevollen Erwartungen entzünden! - Und du füllst nun das Haus mit Wehklagen und Jammer! und diesen Schauplatz deines Glückes mit Grabgesang! - Marie! Marie! nimm mich mit dir! nimm mich mit dir!

Z 25

Robert Brasillach: Gegenwärtiger Virgil, Stuttgart 1962, Seite 162/3

Der Held, den er gewählt hatte, war ein Ehrenmann ohne Genius, der noch behängt war mit einem epischen Flitter, der ihn denkbar schlecht kleidete. Denn Aeneas war kein epischer Held. Er war ein Flüchtling, der Zuflucht suchte und plötzlich die Last einer furchtbar schweren Sendung auf sich nehmen mußte. Er hatte seine Vorzüge, fürchtete die Götter, war gutherzig, suchte zu verstehen und konnte tapfer sein, wenn es not tat; er ähnelte Virgil ein wenig. Gleich ihm war er einer leidenschaftlichen Liebe nicht fähig, dafür aber zärtlich und mitleidig. Ein Mann, nichts als ein Mann, dem kleine Feigheiten wohl unterliefen und kleine Ungeschicklichkeiten. Und jählings erstand vor ihm diese Sendung und das überwältigende Geschick der ungeheuren Stadt, dessen erstes Werkzeug er sein sollte. Vielleicht hätte er den großen, ewigen Schlaf dieser furchtbaren Aufgabe vorgezogen. Aber er war Soldat, ein Mann des eisernen Gehorsams und hätte nie daran gedacht, sich einer Pflicht zu entziehen.

(Übersetzung zu Z 23, S. 32)

Laut schrein Trojas Frauen; doch jene verstummte vor Schmerz, und
eben der Schmerz unterdrückt ihre Stimme zugleich und die Tränen,
die nach innen nur rinnen, und hartem Gesteine vergleichbar
steht sie starr und heftet die Augen vor sich auf die Erde,
manchmal nur hebt sie ihr düster blickendes Antlitz zum Himmel.

Z 26

In seiner ,Divina Comedia' schildert der große italienische Dichter Dante Alighieri (1265–1321) in Anlehnung an das 6. Buch der Aeneis seine Wanderung durch die drei Jenseitsreiche der christlichen Glaubensvorstellungen: Inferno (Hölle), Purgatorio (Läuterungsberg) und Paradiso (Paradies). Für die beiden ersten Reiche ist Vergil sein Begleiter und Führer. Am Anfang des Weges stehen, ehe dann die Vorhölle und die neun Kreise der Hölle im einzelnen dargestellt werden, die bekannte Schilderung des Höllentors und ein erster Eindruck. (In unseren Zusammenhang gehören vor allem die Terzinen 8–11, vv.22–33. – Übers.: R. Zoozmann, Leipzig 1921.)

Dante Alighieri: Die Göttliche Komödie. Hölle. III 1–33

„Per me si va de la città dolente,
per me si va ne l'etterno dolore,
per me si va tra la perduta gente.
Giustizia mosse il mio alto fattore;
fecemi la divina potestate,
la somma sapienza e 'l primo amore.
Dinanzi a me non fuor cose create
se non etterne, e io etterna duro.
Lasciate ogni speranza, voi ch'entrate".
Queste parole di colore oscuro
vid'io scritte al sommo d'una porta;
per ch'io: ,Maestro, il senso lor m'è duro'.
Ed elli a me, come persona accorta:
,Qui si convien lasciare ogni sospetto;
ogni viltà convien che qui sia morta.
Noi siam venuti al loco ov'io t'ho detto
che tu vedrai le genti dolorose
c'hanno perduto il ben de l'intelletto'.
E poi che la sua mano a la mia pose
con lieto volto, ond'io mi confortai,
mi mise dentro a le segrete cose.
Quivi sospiri, pianti e alti guai
risonavan per l'aere sanza stelle,
per ch'io al cominciar ne lagrimai.
Diverse lingue, orribili favelle,
parole di dolore, accenti d'ira,
voci alte e fioche, e suon di man con elle
facevano un tumulto, il qual s'aggira
sempre in quell'aura sanza tempo tinta,
come la rena quando turbo spira.
E io ch'avea d'error la testa cinta,
dissi: ,Maestro, che è quel ch'i' odo?
e che gent'è che par nel duol si vinta?"

„Durch mich gehts ein zur Stadt der Schmerzerkornen,
durch mich gehts ein zur Qual für Ewigkeiten,
durch mich gehts ein zum Volke der Verlornen.
Den hohen Schöpfer trieb, mich zu bereiten,
Gerechtigkeit, Allmacht zu offenbaren,
Allweisheit und Urliebe allerzeiten.
Vor mir war nichts Erschaffenes zu gewahren
als Ewiges, und auch ich bin ewiger Dauer.
Laßt, die ihr eingeht, alle Hoffnung fahren!"
Die Inschrift zeigte sich an einer Mauer
mit dunkler Farbe über einer Pforte.
Drum ich: ,O Herr, der Sinn erweckt mir Schauer.'
Da sprach der Wohlerfahrene diese Worte:
,Hier können Zweifelängste nicht mehr frommen
und jede Zagheit sterbe gleich am Orte.
Wie ichs verhieß, sind wir zum Ziel gekommen,
wo du das schmerzgequälte Volk siehst ringen,
dem der Erkenntnis höchstes Heil genommen.'
Dann fühlt ich seine meine Hand umschlingen.
Mit heiterm Antlitz, drob ich ganz ihm traute,
führt er mich ein zu den geheimen Dingen.
Geseufze, Weinen hier und Wehelaute
hört ich die sternenlose Luft durchzischen,
daß drob mein Auge sich zuerst betaute.
Verschiedene Sprachen, grausiges Wortvermischen,
des Zornes Schreie, schmerzliches Gestöhne, Stimmen,
kreischend und dumpf, Faustschlag dazwischen,
schufen ringsum ein ewiges Getöne
in dieser Luft zeitloser Dämmerungen,
als tanzte kreiselnd lockerer Sand im Föhne.
Und ich, dem Grausen hielt das Haupt umschlungen,
sprach: ,Meister, welch ein Lärm wird hier erhoben?
Und wer sind diese, so von Pein bezwungen?"

VI 548–627

***A 1**
Die Schilderung des Tartarus
a) Wie erlebt Aeneas den Tartarus? (Standort, Auswahl der Wahrnehmungen, Charakterisierung)
b) Arbeiten Sie die symbolische Bedeutung der verschiedenen Hinweise heraus.
c) Mit welchen lautlichen Mitteln unterstreicht Vergil die Vorgänge?
d) Vergleichen Sie Vergils Darstellung der ‚Hölle' (vv.548–561) mit Z 26 (S. 34):
– Was hat der Schüler Dante in den Terzinen 8–11 von seinem Lehrmeister Vergil übernommen? (Stellen Sie Verwandtes einander gegenüber!)
– In welchem Maße sind Aeneas bzw. Dante an dem Geschehen beteiligt?
– Unter welche Vorzeichen wird der jeweilige Text durch den Zusammenhang gestellt?

A 2
Der Bericht der Sibylle
a) Deuten Sie die in den vv.562–581 aufgezeigten Geschehnisse (Rolle des Rhadamanthus, der Tisiphone etc.).
b) Welcher Sünden wegen gelangt man in den Tartarus? (Was verbindet die in den vv.608–627 gezeigten Sünder, gegen welche Werte haben sie verstoßen?

A 3
Die erzählerische Funktion der Tartarus-Szene
a) Warum läßt wohl Vergil diese Station der Unterwelt nicht aus, obwohl er Aeneas hier keine entscheidende Begegnung haben lassen kann? (Stellenwert für den Handlungsablauf; Zusammenhang mit der Gestalt des Aeneas)
b) Interpretieren Sie v.620 (Besonderheiten der Sprachform; Adressaten des Sprechakts; Zusammenhang mit der Szene).

VI 628–678

A 1
Der Eingang zum Elysium
a) Wofür benötigt Aeneas den goldenen Zweig?
b) Wie wird das Elysium geschildert? (sprachliche Mittel, Wortfelder, Stimmung)

A 2
Die Seligen
a) Gliedern Sie den Erzählabschnitt vv.642–678 (Großgruppen, Einteilungskriterien).
b) Welche Atmosphäre erscheint als charakteristisch für das Elysium? (Lebensweisen; Züge des Idyllischen)
c) Welche kompositionelle Aufgabe hat das Gespräch mit Musaeus (vv.666–678) für den Verlauf der äußeren Handlung und darüber hinaus?

***A 3**
Vergleich zwischen Tartarus und Elysium
a) Untersuchen Sie Vergils Erzähltechnik:
– Welche Erzählperspektive wird jeweils gewählt?
– Worin sind die unterschiedlichen Haltungen begründet?
b) Vergleichen Sie die Atmosphäre, die in den beiden Teilen vorherrscht:
– Welche Hauptmotive stehen sich bei der Schilderung der beiden Bereiche gegenüber?
– Welche sprachlichen Mittel sind es vor allem, in denen sich die Unterschiede verdeutlichen?
c) Überprüfen Sie vor dem Hintergrund der Elysium-Szene noch einmal Ihr Ergebnis zu 548ff. (A 3 a: Funktion der Tartarus-Szene).

VI 679–702

A 1
Anchises

a) Analysieren Sie die äußere Verfassung des Anchises (Unterschiede zu den Lebenden).

b) Wie ist es um die innere Verfassung des Anchises bestellt? (seelische Regungen, geistige Kompetenz)

* **c)** Vergleichen Sie Anchises' Tätigkeit mit der der Seelen, die in den vv.642–659 vorgestellt wurden.

* **d)** Interpretieren Sie v.683 nach seinem formalen Aufbau und seiner Bedeutungsstruktur. (Verwenden Sie für die Differenzierungen des Gehalts von *fortuna* und *manus* Ihr Wörterbuch.)

A 2
Vater und Sohn

a) Worauf beziehen sich die Gefühlsregungen des Anchises? (Bedeutungsgehalt von *cura* in v.691; Funktion der Schlußsätze seiner Rede)

b) Mit welcher Haltung begegnet Aeneas seinem Vater?
– Womit begründet er sein Kommen?
– Von welcher inneren Verfassung zeugen die drei Schlußverse dieses Textabschnitts?

c) Stellen Sie Rede und Gegenrede einander gegenüber.
– Arbeiten Sie die Dreiteilung der Redeabschnitte heraus.
– Zeigen Sie, wie Aeneas der Besorgnis seines Vaters begegnet.
– Entspricht er der Charakterisierung, die der Vater in seiner Rede für ihn hatte?

*A 3
Aeneas' Begegnungen mit Dido (vv.VI 450–476) und Anchises

a) Untersuchen Sie, wie Vergil Wiedersehensszenen gestaltet:
– Vergleichen Sie äußere Atmosphäre und Szenenaufbau.
– Versuchen Sie nachzuweisen, daß Vergil beide Szenen aufeinander zu komponiert hat.

b) Vergleichen Sie Dido und Anchises miteinander, z. B. in ihrem verbalen und ihrem gestischen Verhalten, und schließen Sie daraus auf ihre innere Verfassung.

VI 703–751

A 1
Seelenwanderung

a) Unter welchen äußeren Umständen wird die Seelenwanderung (vv.703–723) eingeführt?
– Wo treffen sich die Seelen?
– Deuten Sie den Vergleich in den vv.707–709, indem Sie das tertium comparationis bestimmen.
– Analysieren Sie die sprachliche Gestaltung des Vorgangs.
– Klären Sie, wie das Erlebnis auf Aeneas wirkt.

b) Welche Erklärungen gibt Anchises zu dem Vorgang?
– Erläutern Sie die Bedeutung von *altera* (v.713).
– Interpretieren Sie den besonderen Sinn von *securus* (v.715).

c) Was will Anchises Aeneas zeigen, und welche Erwartungen verbindet er mit seinen Erklärungen?

*A 2
Die Darstellung der Seelenwanderungstheorie

(Wenn Sie noch nicht sehr viel Übung im Interpretieren haben, sollten Sie diese Aufgaben erst nach der Durcharbeitung von A 3 angehen.)

a) Belegen Sie Vergils Aussage, daß Anchises in seinem Bericht *ordine* (v.723), d. h. systematisch vorgeht:
– Gliedern Sie den Abschnitt vv.724–751, indem Sie seinen logisch-folgernden Aufbau aufzeigen.
– Achten Sie auf die gliedernden Wörter, die den wissenschaftlichen Anspruch unterstreichen. (An welchen Versstellen finden sie sich?)

b) Durch welche sprachlichen Mittel verleiht Vergil seinen Aussagen Gewicht? (Elemente sakralen Sprachgebrauchs, Klangfiguren, Bildelemente)
c) Wollte Vergil hier wohl eine geschlossene philosophische Theorie vortragen?
– Vergleichen Sie die Darstellungsperspektive mit der der vv.703–723 hinsichtlich der inneren Beteiligung der Betroffenen, der Zuschauer, des Erzählers.
– Klären Sie aus dem Kontext, welche Aufgabe Anchises' Darlegungen haben.
– Sind die Ausführungen in sich lückenlos und stimmig?

*** A 3**
Der Gehalt der Seelenwanderungstheorie
Die schwierige Gedankenführung und die Bildhaftigkeit der vv.724–751 machen es erforderlich, in kleineren Arbeitsschritten vorzugehen.
A 3.1
Der 1. und 2. Satz (vv.724–729)
a) Erschließen Sie aus Vergils Technik der Reihung die Bedeutung der Eingangsverse:
– Beginnen Sie mit vv.728/9: Wie viele Glieder erscheinen im ersten Vers, wie viele im zweiten?
– Wofür steht die gesamte Reihe? Nennen Sie den Oberbegriff.
– Übertragen Sie Ihre Ergebnisse auf die vv.724/5: Wovon ist insgesamt die Rede?
– Was bedeuten also die Einzelglieder der Reihe zusätzlich zu ihrem normalen Begriffsinhalt?
b) Daß die Subjekte im 1. Satz an exponierter Stelle erscheinen, haben Sie sicher schon festgestellt. Versuchen Sie nun, ihre Bedeutung zu erschließen:
– Gehen Sie von *spiritus* (v. 726) aus, dessen Etymologie die ursprüngliche Bedeutung noch klarer erkennen läßt: Welche Kraft wird durch diesen Begriff verkörpert? Wie wirkt sich *mens* (v.727) aus? (Achten Sie auf die Verben!)
– Bestimmen Sie die im Text vorkommenden Gegensatzbegriffe, und ordnen Sie sie jeweils *spiritus* und *mens* zu.
– Suchen Sie eine Formulierung, die beide Begriffe zusammenfaßt und zugleich den kosmischen Zusammenhang und den mit dem Thema des Abschnitts verdeutlicht.
*** c)** Vergleichen Sie Ihre Ergebnisse zum ersten und zweiten Satz mit Z 27:
– Welche Begriffe erkennen Sie wieder?
– Welche Ersatzbegriffe stützen Ihre Interpretation des Aeneistexts?
– Welche religiöse Weltanschauung ist im dritten Vers von Z 27 unmittelbar ausgesprochen? Auf welche philosophische Schule geht sie zurück?
A 3.2
Der dritte Satz (vv.730–732)
a) Untersuchen Sie den Bedeutungsgehalt des Feuers.
– Vertiefen Sie Ihre Erkenntnisse zu v.725: Warum erhält das vierte Element so viel Gewicht?
– Welcher Bedeutungsbereich des Feuers steht in v.730 natürlich im Vordergrund?
– Vergleichen Sie Vergils Aussage mit der in Z 28.
b) Mit welchem Gewicht stellt Vergil dem Göttlichen die Welt der Materie gegenüber?
– Versuchen Sie zu erklären, warum der Bereich in drei Begriffe aufgeschlüsselt ist.
– Bewerten Sie den Bedeutungsgehalt der Prädikate.
– Analysieren Sie die Attribute: Sind sie für den Sinn des Satzes unbedingt notwendig?
A 3.3
Der 4. Satz (vv.733/4)
a) Klären Sie die sprachliche Struktur des Satzes:
– Was ist Subjekt? (Beachten Sie die Endung von *clausae!)*
– Welche Wortart dominiert?
b) Untersuchen Sie den Bedeutungsgehalt:
– In welcher Beziehung stehen die Prädikate in v.733 zueinander? Was für Regungen bringen sie zum Ausdruck? Beziehen sie sich noch auf die ganze Reihe von Lebewesen, von denen in den vv.728/9 die Rede war?
– Was ist mit *tenebrae* und *carcer caecus* gemeint? (Wenn Ihnen diese Wertungen nicht auf Anhieb geläufig sein sollten, denken Sie an entsprechende in der Bibel – natürlich auch bei Platon und in Ciceros ‚De re publica'! vgl. auch A 5.)

A 3.4

Der 5. Satz (vv. 735–738)

a) Interpretieren Sie den Vorgang, den die erste Verszeile umschreibt.

– Ergänzen Sie das richtige Objekt.

– Bewerten Sie den Vorgang unter Berücksichtigung des vorausgehenden Texts.

b) Zeigen Sie, wie Vergil die Verbindung von Körper und Seele sieht:

– Wie wird die Verfassung des Körpers gezeichnet?

– In welchem Zustand befindet sich die Seele?

– Versuchen Sie zu erklären, warum Vergil in v.738 einen Ausdruck aus dem botanischen Bereich verwendet: Was hat er bisher an der Seele hervorgehoben, was betont er nun?

A 3.5

Der 6. Satz (vv. 739–743)

a) Wovon ist der Läuterungsvorgang abhängig?

– Welchem ethischen Wert entspricht der Ausdruck *quisque suos* (v.743)?

– Wodurch wird also bestimmt, welchem Reinigungsprozeß die Seele ausgesetzt wird? (Begründen Sie mit vv.739/740!)

b) Untersuchen Sie den Läuterungsvorgang selbst:

– Entwickeln Sie den Bildbereich, den Vergil wieder aufgreift.

– Begründen Sie (z.B. mit v.732), warum das vierte Element fehlt.

– Was für Verbformen dominieren hier? Rechtfertigen Sie die Auswahl von der Sache her.

A 3.6

Der 7. Satz (vv.743–751)

a) Welche Differenzierungen setzt Vergil für die Seelen nach ihrer Läuterung durch die Elemente an?

– Welche beiden Gruppen werden einander gegenübergestellt? Wie unterscheiden sie sich zahlenmäßig voneinander?

– Wovon ist die Zugehörigkeit zu einer der beiden Gruppen offenbar abhängig?

b) Untersuchen Sie den Vorgang der Reinkarnation selbst:

– Welcher Gott dürfte gemeint sein, der als Seelengeleiter fungiert?

– Welche Bedeutung hat der Lethe-Fluß?

– Diskutieren Sie, was die Seelen zur Reinkarnation veranlassen könnte.

c) Arbeiten Sie die zyklische Bewegung heraus, die Vergil zum Ausdruck bringt:

– im 1. Teil des Satzes (Abl. absolutus);

– im Schlußteil (sprachl. Kennzeichen?);

– in der Theorie der Seelenwanderung allgemein;

– bezogen auf den Anlaß der Darlegungen des Anchises.

– Was bedeuten die unterschiedlichen Zeitangaben?

A 4

Rekapitulation

Bis auf den Gedanken der Reinkarnation selbst werden Sie in Z 29 die Lehre von der Welt und der Seele wiederfinden, wie sie Vergil von der Stoa übernommen hat.

a) Verschaffen Sie sich anhand dieses Texts abschließend einen Überblick über die Theorie, die Vergils Gedanken zugrunde liegt.

b) Rekapitulieren Sie den Vergiltext mit Hilfe von Z 29, indem Sie diesem die lateinischen Bezeichnungen Vergils zuordnen.

c) Untersuchen Sie, an welchen Stellen Sie kleinere Abweichungen finden können: Wo ist Vergil genauer bzw. anschaulicher? Wo informiert uns die (nicht auf Vergil bezogene) wissenschaftliche Zusammenfassung besser?

***A 5**

Vergleiche mit Platon und Cicero

Wenn Sie die Anschauungen, die Sie hier kennengelernt haben, noch weiter verfolgen wollen, bieten sich zwei Vergleichsmöglichkeiten an:

a) mit Platons Lehre von der Seele, die Sie vor allem in folgenden Dialogen finden: Gorgias (524ff.), Phaidon (107ff.) und Politeia/Der Staat (614ff.);

b) mit dem ‚Somnium Scipionis' im 6. Buch von Ciceros ‚De re publica', einem Text, der auch in anderen Zusammenhängen zum Vergleich mit Aeneis VI reizt, so in der ethischen Charakterisierung des Helden oder in der Bewertung des Ruhms.

Z 27
Vergil: Georgica IV 219–227

His quidem signis atque haec exempla secuti
esse apibus partem divinae mentis et haustus
aetherios dixere; deum namque ire per omnia
terrasque tractusque maris caelumque profundum;
hinc pecudes, armenta, viros, genus omne ferarum,
quemque sibi tenuis nascentem arcessere vitas:
scilicet huc reddi deinde ac resoluta referri
omnia, nec morti esse locum, sed viva volare
sideris in numerum atque alto succedere caelo.

Diesen Zeichen gemäß und diesen Beispielen folgend,
sagten manche, die Bienen sei'n Teil des göttlichen Geists, von
feurigem Hauch durchseelt; denn Gott durchwirke das Ganze:
Länder, die Weiten des Meeres, die Tiefen des Himmels; und daher
holten sich bei der Geburt die Schafe und Rinder, der Mensch, ja
jede Gattung der wilden Tierwelt, ihr luftiges Leben:
Hierher kehre natürlich heim und treibe zurück dann
alles, gelöst, der Tod gelte nichts, alles fliege voll Leben
auf zu den Sternen und steige empor zu den Höhen des Himmels.

Z 28
M. Tullius Cicero: De natura deorum II 57

Zeno igitur naturam ita definit, ut eam dicat ignem esse artificiosum ad gignendum progredientem via.

Zenon also definiert Natur dahingehend, daß er sie bezeichnet als ein künstlerisch schaffendes Feuer, das planmäßig den Schöpfungsprozeß betreibt.

Z 29
aus: Karl Vorländer, Philosophie des Altertums (rde 183/4), Hamburg 1963, S. 143 f:

Die Stoiker suchen den aristotelischen Dualismus *monistisch* umzubilden. Stoff und Form, Körper und Geist sind ihnen eins, die ganze Welt ist eine einheitliche, stofflich-körperliche, kraftbegabte Substanz; viele Welten würden einen Widerspruch in sich enthalten. So trägt ihre Physik zunächst einen geradezu materialistischen Charakter. Wirklich ist nur, was Körper hat. Wirken erfolgt nur durch stoffliche Ursachen. Nicht bloß die Sinnendinge, sondern alles Seiende, Gott und die Seele, Tugenden und Affekte, ja selbst Weisheit und Wahrheit sind körperlicher Natur! Unkörperlich sind nur der Raum, das Leere, die Zeit und die Aussagebedeutungen. Allein, im Stoffe wirksam sind immanente vernünftige Kräfte. Die Urkraft aber, aus der sie alle ausstrahlen, ist die Gottheit. Der Materialismus schlägt in Pantheismus um. Die stoische Physik enthüllt sich als Theologie.

Allerdings wird diese ewige allbelebende Urkraft wiederum sehr naturalistisch aufgefaßt. Sie ist eine Einheit von Materie und Kraft. Sie heißt – ähnlich wie bei Heraklit – das Feuer, welches alle Dinge erzeugt, belebt und bewegt, wie das Feuer glühendes Eisen durchdringt oder das warme Leben unseren Leib. Noch kennzeichnender ist der Begriff des Pneuma, des belebenden Atems und Hauchs, der alles stofflich-dynamisch durchströmt und die Welt zu einem beseelten Ganzen macht. Alles in der Welt folgt gemäß dieser einen Urkraft mit Naturnotwendigkeit aus einander; diese unerbittliche Notwendigkeit nennt der Mensch auch Verhängnis oder Schicksal. Das scheint die *Teleologie* ganz auszuschließen. Aber für die Stoa ist gerade die Notwendigkeit zweckvoll und gut. Sie bildet die kosmische Ordnung, die von Ewigkeit her besteht und in der alles seinen Sinn hat. Das Ur-Feuer ist zugleich Vernunftskraft, das Pneuma zugleich Logos. So wird das Verhängnis zur ‚Vorsehung'. Eine ausführliche Theodizee oder Kosmodizee sucht diese unsere Welt als die beste nachzuweisen.

Die menschliche *Seele* ist ein Abbild der Allseele. Sie ist ‚göttlichen Geschlechts', wie der Apostel Paulus (Apostelgeschichte 17,28) aus dem Hymnus des Kleanthes zitiert, damit zugleich aber auch, wie jene, körperlicher Natur, ohne daß deshalb die bleibende Auszeichnung des Menschen als Vernunftswesen gemindert wird. Unsterblich ist allein die Weltseele. Die Einzelseelen erhalten sich nur eine Zeitlang nach dem Tode, und zwar die schlechten und unwissenden, weil aus weniger reinem und dauerhaftem Stoff gefertigt, bloß eine kürzere Zeit, während die guten an einem Orte der Seligen harren, bis sie in dem nächsten großen Weltenbrand mit allem, was da ist, wieder in die Einheit des göttlichen Urfeuers zurückkehren, bis aus diesem eine neue Weltgeburt erfolgt. Denn Weltentstehung, Weltverlauf, Weltuntergang kehren periodisch wieder. Es gibt keine eigentliche Höherentwicklung im Weltgeschehen, keinen Fortschritt, sondern nur eine ewige Wiederkunft des Gleichen (wie sie später einmal Nietzsche neu lehren sollte).

VI 752–892

A 1

Überleitung zur Heldenschau

a) Charakterisieren Sie die äußere Situation, unter der die folgenden Ausführungen des Anchises stehen (Standort, Rolle des Anchises).

b) Vergleichen Sie Anchises' Worte in den vv.756–759 mit der Vorankündigung in den vv.VI 716–718:
- Welche Absicht kommt hier neu noch hinzu?
- Welche bleibt scheinbar unausgesprochen? (Weisen Sie nach, daß sie in den getroffenen Wertungen dennoch vorhanden ist.)

c) Halten Sie die Disposition fest, die Anchises seiner Rede gibt.

A 2

Die italische Nachkommenschaft (vv.760–787)

a) Zeigen Sie, daß die letzte Ankündigung (v.759: *tua fata)* schon zu Beginn teilweise erfüllt wird.
- Welche Aussagen über das Geschick des Aeneas sind dem Text unmittelbar zu entnehmen?
- Versuchen Sie zu begründen, warum Vergil Silvius Aeneas (v.769) ans Ende der ersten Reihe setzt, obwohl er chronologisch an zweiter Stelle hätte erscheinen müssen. Was verkörpert er?

b) Untersuchen Sie, wie Vergil in den vv.767–776 die weiteren Albanerkönige charakterisiert (Attribute, Erscheinung, Leistung).

*** c)** Vergleichen Sie das Strukturschema, das Vergil der Darstellung der Albanerkönige zugrundelegt (vv.767–776), mit dem bei der Darstellung des Romulus (vv.777–786) verwendeten: Was leistet die entscheidende Abweichung?

d) Welche Bedeutung hat im Rahmen der Aufzählung der römischen Ahnen die Nennung Roms?
- Welche direkten Aussagen über Roms Größe enthält der Text, und auf welchen Zeitpunkt beziehen sie sich? (Wie müssen Sie also *auspiciis* (v.781) übersetzen?)
- Analysieren Sie die Sprache der vv.781–787.

e) Untersuchen Sie den Vergleich in den vv.784–787 und seine Bedeutung:
– Bestimmen Sie das tertium comparationis.
– Welches Prädikat wird über den unmittelbaren Vergleich hinaus Rom zuerkannt?

A 3

Augustus (vv.788–807)

a) Vergewissern Sie sich mit Hilfe der Disposition (vv. VI 756–759), welcher Unterabschnitt an dieser Stelle beginnt.
b) Wie wird Augustus eingeführt? Wie ist seine Stellung unter den Juliern?
c) Verdeutlichen Sie sich mit Hilfe eines geeigneten Geschichtsbuchs die außenpolitischen Unternehmungen des Augustus, auf die der Text Bezug nimmt.
d) Welche Wertungen werden für Person und Leistung des Augustus gegeben?
– Mit welcher historischen Gestalt wird er in den vv.794–800 indirekt verglichen? (Verdeutlichen Sie sich die geographischen Angaben!)
– Erklären Sie, weshalb die beiden mythologischen Vergleiche in den vv.801–805 trotz der eingeschränkteren geographischen Bedeutung eine Steigerung gegenüber der historischen Gestalt darstellen.
e) Inwiefern ist mit Augustus bisher der Höhepunkt der Heldenschau erreicht?
– Mit welchen Pronomina wird die Gruppe der Julier eingeführt, mit welchen die Albaner, mit welchen die Helden in den folgenden Abschnitten?
– Heben Sie Augustus von Romulus ab: Welche Steigerung beobachten Sie?
– Halten Sie ihn gegen den historischen Welteroberer: Welche Qualitäten unterscheiden ihn von diesem?
– Vergleichen Sie ihn mit Herakles und Dionysos: Auf welche über das Geographische hinausgehenden Leistungen wird hier wohl noch angespielt?
– Die ermunternde Adresse des Anchises an Aeneas in den vv.806/7 spricht ebenfalls für einen entscheidenden Einschnitt in seiner Rede: Welcher Sinn wird der Heldenschau hier gegeben?
f) Diskutieren Sie anhand der kritischen Einwendungen von A.W. Schlegel (Z 30) Vergils Verhältnis zu Augustus und seiner Politik:
– Können Sie mit Schlegels Sicht der Gestalt des Augustus übereinstimmen? (Ziehen Sie moderne historische Urteile zum Vergleich heran.)
– Sind Sie der Ansicht, daß Vergil eher zu tadeln oder zu entschuldigen ist?

A 4

Die großen Römer (vv.808–846)

a) Zeigen Sie, wie sich die Gestalt des Numa Pompilius (vv.808–812) dem Leser/Hörer erst allmählich verdeutlicht:
– Was für Züge werden an ihm hervorgehoben?
– Wodurch unterscheidet er sich von den albanischen Königen und Romulus?
– Durch welche metrischen und sprachlichen Mittel wird seine Leistung charakterisiert?
b) Wie werden demgegenüber die anderen Könige (vv.812–817) gezeichnet? (Wortfelder, Textumfang)
c) Analysieren Sie die Darstellung der Helden der frühen Republik in den vv.817–825. (Aufbau des Abschnitts; vorherrschende Charakterzüge; Wertung Vergils)
d) Wie werden Caesar und Pompeius (vv.826–835) geschildert?
– Was haben beide miteinander gemeinsam?
– Mit welcher Einstellung spricht Vergil vom Bürgerkrieg?
– Deuten und bewerten Sie Aufgabe und Gestalt der vv. 832–835.
– Versuchen Sie zu erklären, warum der Dichter keine Namen nennt: Stehen die beiden nur für sich?
e) Was verbindet die letzte Gruppe der Helden (vv.836–846) miteinander?
– Was hat das erste Paar (vv.836–840) miteinander gemeinsam? Kommt es bei den beiden primär auf individuelle Leistungen an? (Berücksichtigen Sie, daß Anchises und Aeneas Trojaner sind!)
– Erweckt die Reihung am Ende des Abschnitts (vv.841–846) den Eindruck von Abgeschlossenheit? Welche sprachlichen Mittel dürften die Zusammenstellung mit konstituiert haben? →

f) Verschaffen Sie sich zum Abschluß des 2. Teils der Heldenschau einen Überblick über den ganzen Abschnitt:
- Stellen sie die bedenklichen Züge zusammen, die an der römischen Geschichte aufgezeigt werden.
- Arbeiten Sie heraus, was insgesamt in der Darstellung überwiegt.

A 5

Der geschichtliche Auftrag Roms (vv.847–853)

a) Entwickeln Sie zunächst die Gegenposition zum Römertum:
- Welches Volk dürfte mit *alii* (v.847) gemeint sein?
- Auf welche verschiedenen Fachgebiete beziehen sich die Beispiele?
- Überprüfen Sie sie, indem Sie römische Leistungen auf diesen Gebieten den originalen gegenüberstellen. Können Sie Anchises zustimmen?

b) Erläutern Sie den Auftrag, der dem römischen Volk zugewiesen wird.
- Was bedeutet *artes* in v.852 speziell?
- Auf welches Gebiet bezieht sich die dem römischen Volk zuerkannte Aufgabe ausschließlich? Können Sie dieser Festlegung zustimmen?
- Interpretieren Sie den zweiten Teil von v.852: Was bedeutet hier *mos?* – Wie bewerten Sie den hier erhobenen Anspruch?
- Verdeutlichen Sie sich v.853 am Verhalten des Augustus in den Jahren, die Vergil erlebt hat.

c) Man hat in diesen vielzitierten Versen die Verkörperung der imperialistischen Ideologie erblickt. Diskutieren Sie diese These:
- Läßt sich die teilweise propagandistisch anmutende Sprache nur politisch-ideologisch deuten?
- Gesetzt, es wäre so, würden Sie daraus Schlußfolgerungen auf das ganze Epos ziehen?
- Ziehen Sie für Ihre Urteilsbildung auch die beiden hier angeführten Meinungen Z 31 und 32 heran.

A 6

Die Marceller (vv.854–892)

a) Inwiefern schließen sich die Verse, die dem älteren Marcellus gewidmet sind, an den durch den Preis Roms unterbrochenen Zusammenhang an? (Welche Qualitäten und Leistungen des Marcellus werden gerühmt?) Gibt es auch einen Zusammenhang mit dem Preis Roms?

b) Der jüngere Marcellus stellt für Vergil die ideale Verkörperung der virtuellen Möglichkeiten des edlen Römers dar, er ist innerhalb des Epos am ehesten Aeneas zur Seite zu stellen. Im Gegensatz zu diesem aber sind bei ihm *„non res, sed spes"* zu nennen, so daß nach einem bereits antiken Interpretationsansatz sein früher Tod als Opfer an die Götter für die Größe Roms verstanden wird.
Untersuchen Sie, wie er von Vergil gezeigt wird:
- Durch welche dramaturgischen Mittel wird er mehr als alle bisher aufgeführten Helden dem Leser/Hörer nahegebracht?
- Welche atmosphärischen Merkmale unterstreichen seine Besonderheit?
- Durch welche Eigenschaften ragt er hervor?
- Inwieweit tangiert sein Schicksal die beabsichtigte Wirkung der Heldenschau?

***A 7**

Die Bedeutung der Heldenschau

a) Verdeutlichen Sie sich die Funktion dieses Erzählabschnitts und damit des ganzen 6. Buchs der Aeneis:
- Welches sind die direkten und indirekten Adressaten der langen Rede des Anchises?
- Welche Wirkungen möchte Anchises (und mit ihm Vergil) bei diesen Adressaten erzielen?

b) Untersuchen Sie die historische Perspektive der Heldenschau:
- Welche Aussagen und Wertungen sind nur aus der augusteischen Zeit heraus zu verstehen?
- Welche überzeitlichen Tendenzen dürften den Ruhm des Dichters, der die Jahrtausende überdauert hat, mit beeinflußt haben?

Z 30

August Wilhelm Schlegel: Geschichte der klassischen Literatur (1802), 13. Stunde *(zitiert nach der Ausgabe von Edgar Lohner, Stuttgart 1964, S. 151):*

Man hat dem Virgil deshalb häufig niedrige Schmeichelei vorgeworfen: aber, wenn man sich in die Zeit und in seine persönlichen Verhältnisse versetzt, mildert sich dieser Tadel sehr. Überdies gilt er dem Gedicht nicht als solchem, und die Rechte der Wahrheit dürfen hier die der Dichtung nicht beeinträchtigen. Historisch betrachtet wird uns zwar erbärmlich dabei zumute, wenn wir uns eine solche Ordnung der Dinge denken, daß ein höheres Verhängnis den Äneas nach Italien geführt, um Rom und seine Weltherrschaft zu gründen, und daß diese letztlich wieder nur dazu dienen sollen, den elenden August zum universellen Despoten zu machen. Allein poetisch genommen, hat Virgil genug getan, wenn er die Majestät des römischen Staates würdig darstellt und in dem Gedichte selbst den August als Gipfel und Repräsentanten derselben erscheinen läßt, indem er ihn durch freie Volkswahl und göttliche Vorherbestimmung, um Friedensstifter der Welt zu werden, auf seinen Platz gestellt sein läßt, welches er allerdings geleistet hat. Die den August unmittelbar betreffenden Stellen sind überdies kurz, und mag auch das Ganze ihretwegen gedichtet sein, wie eine kostbare Einfassung, die mehr wert ist als das Eingefaßte, so tut dies dem sonstigen Werte keinen Eintrag.

Z 31

Johann Gottlieb Herder: Ideen zur Philosophie der Geschichte der Menschheit. 14. Buch, 2. und 3. Kapitel:

Dies kurze Römerschwert, mit Römermuth geführt, hat die Welt erobert. Es war Römische Kriegsart, die mehr angriff, als sich vertheidigte, minder belagerte, als schlug, und immer den geradesten, kürzesten Weg ging zum Sieg und zum Ruhme. Ihr dienten jene ehernen Grundsätze der Republik, denen alle Welt weichen mußte: *nie nachzulassen, bis der Feind im Staube lag, und daher immer nur mit Einem Feinde zu schlagen; nie Frieden anzunehmen im Unglück, wenn auch der Friede mehr als der Sieg brächte, sondern fest zu stehen und desto trotziger zu sein gegen den glücklichen Sieger; großmüthig und mit der Larve der Uneigennützigkeit anzufangen, als ob man nur Leidende schützen, nur Bundesverwandte zu gewinnen suchte, bis man zeitig genug den Bundesgenossen befehlen, die Beschützten unterdrücken und über Freund und Feind als Sieger triumphieren konnte.* Diese und ähnliche Maximen Römischer Insolenz, oder, wenn man will, felsenfester, kluger Großmuth machten eine Welt von Ländern zu ihren Provinzen, und werden es immer thun, wenn ähnliche Zeiten mit einem ähnlichen Volk wiederkämen. (...)

Dagegen, was haben die Römer den Morgenländern gegeben? Weder Gesetze noch Frieden, weder Einrichtung, noch Volk, noch Künste. Sie haben Länder verheert, Bibliotheken verbrannt, Altäre, Tempel, Städte verwüstet. Ein Theil der Alexandrinischen Bibliothek ging schon durch Julius Cäsar in Flammen unter, und den größten Theil der Pergamenischen hatte Antonius der Kleopatra geschenkt, damit einmal Beide auf Einer Stelle untergehen könnten. So machen die Römer, die der Welt Licht bringen wollen, allenthalben zuerst verwüstende Nacht; Schätze von Golde und Kunstwerken werden erpreßt; Welten und Aeonen alter Gedanken sinken in den Abgrund; die Charaktere der Völker stehen ausgelöscht da, und die Provinzen unter einer Reihe der abscheulichsten Kaiser werden ausgesogen, beraubt, gemißhandelt. (...) Ihr großen edlen Seelen, Scipionen und Cäsar, was dachtet, was fühltet ihr, da ihr als abgeschiedene Geister von eurem Sternenhimmel auf Rom, die Räuberhöhle, und auf euer vollführtes Mörderhandwerk hinunter sahet? Wie unrein mußte euch euere Ehre, wie blutig euer Lorbeer, wie niedrig und menschenfeindlich eure Würgekunst dünken! Rom ist nicht mehr, und auch bei seinem Leben mußte es jedem edlen Mann seine Empfindung sagen, daß Fluch und Verderben sich mit allen diesen ungeheuren, ehrsüchtigen Siegen auf sein Vaterland häufte.

Z 32

Karl Büchner: Die römische Republik im römischen Staatsdenken, Freiburg 1947, Seite 16/17

... die Römer sind mächtige und gewaltige Menschen gewesen, denen nicht ohne ihre große Lebenskraft die Herrschaft zugefallen wäre. Sagt man, das sei nicht ohne Machttrieb möglich, und nennt diese Lebenskraft Machttrieb, so wird man recht haben; bezeichnet man die Römer aber deshalb als Machtmenschen, die nur von Herrschsucht bewegt seien, so ist man unvollständig und irrt deshalb. Die andere Seite der römischen Wertewelt, die übrigens auch die anders deutbare unablösbar durchdringt, ist der Gegenzeuge. Die Römer waren gerecht im weitesten Sinne des Wortes. Gerechtigkeit aber widerspricht dem Begriff der Herrschsucht. Die Römer verstehen es, die Dinge und Menschen realistisch zu sehen, wie sie sind, und dank der als gottgeschenkt und -verwandt empfundenen ratio, ihrer Denken und Handeln umschließenden Vernunft, die Menschen auf das Allgemeine zu einigen, im Streben zu diesem Allgemeinen Freiheit zu behaupten und zu gewähren und dadurch bei dem Geringeren oder Schwächeren nicht persönlichen Haß oder persönliche Liebe, sondern feste Zuneigung, das Gefühl der Sicherheit und Verbundenheit zu erwecken. Die Römer sind so ihrem ganzen Sein nach ermächtigt zu dauernder Herrschaft, sie waren ihr gewachsen, und der Erfolg ist ihnen zugefallen.

Liber VII

VII 37–45

A 1
Die Thematik des zweiten Teils der Aeneis
a) Untersuchen Sie den Aufbau des Abschnitts.
b) Welche Thematik herrscht vor (Wortfelder; Selbst- oder Fremdbestimmung)?
c) Deuten Sie die vv. 44/45. Sind die Steigerungsformen berechtigt?

*** A 2**
Vergleich mit dem ersten Musenanruf (vv. I 8–11)
a) Analysieren Sie das jeweilige Verhältnis von Dichter und Muse. (Was wird jeweils von der Muse erwartet, wie steht es um das Selbstverständnis des Dichters?)
b) Warum wird der Protagonist hier überhaupt nicht mehr erwähnt? (Was ist an seine Stelle getreten? Ist seine Mission gescheitert?)

VII 413–466

A 1
Allectos Auftritt als Priesterin (vv. 413–444)
a) Warum verwandelt sich Allecto in die Juno-Priesterin Calybe? (Denken Sie an Allectos ursprüngliches Aussehen, an ihre Herkunft und an den Aussagewert einer Botschaft, die von einer ‚heiligen' Gestalt kommt.)
b) Untersuchen Sie den Wahrheitsgehalt von Allectos Worten:
– Wie stellt sie den Sachverhalt dar, wie zeichnet sie die Rolle des Turnus?
– Bewerten Sie das Verfahren Allectos: Kann man es als Lüge bezeichnen?
c) Wodurch verleiht Allecto ihrem Auftrag Nachdruck? (Legitimation, Anreiz)
d) Warum geht Turnus trotzdem nicht auf Allectos Rat ein?
– Erklären Sie sein Lachen.
– Wogegen richtet sich sein Widerstand?
e) Wie sieht Turnus sich und die Situation? (Verhältnis zu Juno, innere Haltung)

A 2
Allectos Auftritt als Furie (vv. 445–461)
a) Warum erscheint Allecto nun in ihrer wahren Gestalt? (Aussehen, Attribute ihrer Herkunft, Funktion)
b) In welchem Tonfall müssen wir uns die Wiederholungen gesprochen denken, die sie aus Turnus' Rede übernimmt?
c) Deuten Sie das Bild, das in den vv. 456/7 für ihren Einfluß gewählt wird.
d) Untersuchen Sie Allectos Wirkung auf Turnus:
– Charakterisieren Sie seine Handlungsweise (körperlich, geistig-seelisch).
– Bewerten Sie seine Reaktion auf den Auftritt der Furie.

*** A 3**
Das Wasserkessel-Gleichnis (vv. 462–466)
a) Wie baut Vergil das Bild auf? (Satzbau, sprachliche Mittel der Steigerung)
b) Analysieren Sie die Bildhaftigkeit (Bildbereiche, Wirkung).
c) Worauf bezieht sich das Gleichnis?
– Welchem Bereich gehört der Vorgang an, den es charakterisiert?
– Diskutieren Sie die Angemessenheit des Vergleichs.
– Beurteilen Sie die Notwendigkeit des Gleichnisses für die Handlung des Epos: Welche Wertungen über das künftige Verhalten des Turnus liefert es?

*** A 4**
Vergleich mit dem homerischen Vorbild (Z 33)
a) Stellen Sie die äußeren Sachverhalte, denen die beiden Gleichnisse gelten, einander gegenüber:
→

– Auf was für unterschiedliche Vorgänge beziehen sie sich?
– Bewerten Sie die gedankliche Leistung, die der Vergleich vom Leser/Hörer jeweils fordert.
b) Weisen Sie nach, daß Vergil nicht nur das Gleichnis, sondern auch die Situation von Homer übernommen hat:
– Welche Verbindung besteht zwischen Skamander und Turnus? (Berücksichtigen Sie ihre jeweilige Funktion bzw. ihre Herkunft und ihren Einsatz für ihr Land.)
– Welche Kräfte stehen jeweils hinter dem Feuer?
c) Arbeiten Sie die Unterschiede der beiden Texte heraus
– im Aufbau, in der Wirkung und in ihrer Bedeutung für das weitere Geschehen (denken Sie hierbei auch an die Erfolgsaussichten der von Hera/Juno inszenierten Aktionen!)
– und damit in ihrer übertragenen, wertenden, symbolischen Funktion.
d) Versuchen Sie anhand dieses Vergleichs die wesentlichen Unterschiede zwischen homerischem und vergilischem Gleichnis zu entwickeln. Berücksichtigen Sie dabei Wirklichkeitsbezug, Unmittelbarkeit, Intensität, Beziehungsvielfalt und Sinngebung, und kontrollieren Sie Ihr Ergebnis mit Hilfe der Teiluntersuchungen, die Sie schon an früheren Gleichnissen angestellt haben.

A 5

Die Bedeutung der Allecto-Szene

a) Welche Bildfunktion hat die Gestalt der Allecto? (Welche Mächte sind in ihr personifiziert, was bewirkt sie?)
b) Untersuchen Sie die erzähltechnische Funktion der Szene:
– Welches Licht wirft sie auf die Gestalt des Turnus?
– Unter welchem Vorzeichen steht das folgende Geschehen?

Z 33

Der Troja verbundene Fluß(gott) Skamander, dessen Lauf durch die vielen von Achill getöteten Troer eingeengt wird, verfolgt erzürnt den Helden, bis Hera, für Achills Leben fürchtend, Hephaistos zu Hilfe ruft, der dem Fluß seine Flammen entgegensetzt (Übers.: R. Hampe, 1979):
Homer: Ilias XXI 362–367

So wie ein Kessel im Innern siedet auf heftigem Feuer,
Wenn er das Fett ausschmilzt eines wohlgemästeten Schweines,
Überall wallt es auf von den trockenen Scheiten darunter:
Also flammten die Fluten im Feuer, es kochte das Wasser.
Nicht mehr wollte er fließen; ihn quälte der Gluthauch
Von des schlauen Hephaistos Gewalt.

Liber IX

IX 123–158

A 1
Reaktion auf das Schiffswunder
a) Stellen Sie fest, wessen Reaktion gezeigt wird, wessen nicht. (Begründung?)
b) Vergleichen Sie die Reaktion des Turnus mit der der anderen (Gebrauch der Verben; Charakterisierungen).
A 2
Die Einschätzung der Kriegslage durch Turnus
a) Wie stellt Turnus die Ausgangspositionen und die Erfolgsaussichten für die Trojaner und für sich selbst dar?
b) Wie schätzt er die Wirkung der Fata ein?
- Mit welchem Argument kann er die Fata der Trojaner abwerten?
- Womit begründet er seine eigenen Ansprüche?

c) Wie beurteilt Turnus den Gegner (Namen, Wertungen)?
A 3
Turnus' Charakter
a) Beurteilen Sie das Bild, das Turnus hier von sich selbst zeichnet:
- Wie stellt er sich selbst dar?
- Mit wem vergleicht er sich in den vv. 138/9 und 148–155, und wie fällt dieser Vergleich aus?

b) Bewerten Sie das Erscheinungsbild des Turnus in dieser Szene:
- Können Sie eine vergleichbare Haltung auf Aeneas' Seite sehen?
- Welches ist die dominierende Eigenschaft des Turnus? Konnten Sie diese auch schon vor Allectos Eingreifen beobachten?

Liber XII

XII 697–727

A 1
Die Reaktion auf Turnus' Bereitschaft zum Entscheidungskampf
a) Wie wird Aeneas gezeigt? (Gebrauch der Verben; Vergleich; warum in v.697 die Bezeichnung als *pater?)*
b) Wie reagieren die anderen Beteiligten? (Verben; Reihenfolge der Nennung; Sinn des Perspektivenwechsels)
A 2
Der Beginn des Kampfes
a) Wie stellt Vergil das unmittelbare Kampfgeschehen dar? (Aufbau der Szene; Phasen des Zweikampfs; aufwertende sprachliche Mittel; Bedeutung und Gewicht von v.714)
b) Zeigen Sie, daß der Vergleich (vv.715–724) weit über das Kampfgeschehen hinausreicht. (Welche drei Aspekte umfaßt er? Was leistet er erzähltechnisch?)
A 3
Juppiter wägt die Fata
a) Erklären Sie, was die kurze Szene vv.725–727 bedeutet:
- Wovon hängt der Ausgang des Kampfes ab?
- Welchen Einfluß haben die Götter auf diese Entscheidung?

***b)** Vergleichen Sie diesen Text mit Z 34:
- Welche Information unterschlägt uns Vergil? Können Sie sein Vorgehen erklären?
- Untersuchen und deuten Sie mit Hilfe von Z 35 die unterschiedliche Stellung der Szene bei Vergil und Homer.

Z 34

Homer: Ilias XXII 208–213 *(Übers.: W. Schadewaldt, 1943)*

Als sie nun aber zum viertenmal zu dem Brunnen gekommen waren, da breitete der Vater die goldene Waage auseinander, tat zwei Lose des traurigen Todes hinein, eines für Achilleus und eines für den Rossezähmer Hektor, faßte sie in der Mitte und wog. Da fiel für Hektors Schicksalstag der Ausschlag, und seine Schale senkte sich zum Hades hinab, und Phoibos Apollon verließ ihn.

Z 35

Hektors Tod (Homer: Ilias XXII – Inhaltsübersicht)

Um den Tod des Patroklos zu rächen und Hektor zu töten, nimmt Achill wieder am Kampf teil. (Il. XVI–XXI)

XXII: Während Achill durch ein Trugbild Apollons abgelenkt ist, wird Hektor von seinen Eltern angefleht, sich in den Schutz der Mauern zurückzuziehen, aber in einem großen Selbstgespräch entschließt er sich zum Zweikampf.

Hektors Flucht (131–165): Doch erschüttert vom Anblick des wie der Gott des Krieges selbst anstürmenden Achill, ergreift er die Flucht: Von Achill verfolgt (2 Gleichnisse: Falke und Taube; Wagenrennen), umrundet er dreimal die Mauern der Stadt.

Götterszene (166–187): Zeus, für den der Ausgang längst feststeht, wird im Mitgefühl mit Hektor noch einmal schwankend, gibt aber auf den Einspruch Athenes hin dieser freie Hand, einzugreifen.

Fortsetzung der Flucht (188–207): Mit dem Gleichnis vom Hund, der ein Hirschkalb hetzt, wird die Darstellung der Verfolgung weitergeführt, Achill achtet darauf, daß Hektor nicht in die Stadt entkommen kann und daß kein anderer durch sein Eingreifen ihn um den Siegesruhm bringt.

Das Wägen der Lose (208–213): Im Bild der Waage, auf der das Todeslos Hektors sich zum Hades senkt, offenbart Zeus sinnfällig den Ernst der schicksalhaften Notwendigkeit.

Der täuschende Beistand (213–247): Apollon, der bisher Hektor Kraft geschenkt hat, verläßt ihn, Athene tritt in der Gestalt seines Bruders Deiphobos an Hektors Seite und bestimmt ihn dazu, sich mit neuem Mut Achill zu stellen.

Die Wechselrede (248–272): Auf Hektors Vorschlag zu einer Vereinbarung, den getöteten Gegner nicht zu mißhandeln und seine Leiche den Seinen zu übergeben, reagiert Achill mit unversöhnlicher Feindschaft.

Der Lanzenkampf (273–330): Hektor vermag Achills Lanze auszuweichen; während Athene sie unbemerkt zu Achill zurückbringt, versteigt sich Hektor zu einer triumphierenden Ansprache. Doch sein Speer springt von Achills Schild ab. Der Trug der Athene wird ihm bewußt, als er sich dem lanzenbewehrten Achill nur mit dem Schwert gegenübersieht: Die Verblendung weicht der unentrinnbaren Gegenwart des Todes, der er sich mutig stellt. Mit dem Schwert anstürmend, wird er durch die Lanze Achills tödlich getroffen.

Die zweite Wechselrede (330–366): Den wild triumphierenden Achill fleht Hektor noch einmal an, seine Leiche auslösen zu lassen; er mahnt ihn mit der Warnung vor seinem eigenen Tod, der ihm bald bestimmt sei. Dann geht seine Seele zum Hades, „wehklagend über ihr Schicksal, da sie nun Kraft und Jugend lassen mußte", und trotzige Worte Achills begleiten sie.

Beraubung und Schändung (367–405): Während Achill ihm die Rüstung auszieht, die Patroklos getragen hatte, staunen die übrigen Griechen über Hektors Größe und Schönheit; Achill kostet den Triumph aus, bindet die Leiche an seinen Wagen und schleift sie hinter sich her.

Die Klagen des Priamus, der Hekuba und der Andromache beschließen das Buch.

Nach der Leichenfeier für Patroklus, die das 23. Buch füllt, endet das Epos (im 24. Buch) versöhnlich mit der Rückgabe der Leiche durch Achill an den greisen Priamus und mit der würdigen Bestattung des Toten.

XII 728–790

A 1
Der Beginn der Flucht
a) Womit wird die Flucht des Turnus erklärt?
b) Erläutern Sie die erzähltechnische Aufgabe der vv.735–741 und die mit ihnen erzielte Wirkung.

A 2
Die Verfolgung
a) Charakterisieren Sie die äußere Situation der beiden Helden:
– Welche Alternativen ergeben sich für Turnus?
– Was verhindert den Erfolg des Aeneas?
b) Suchen Sie nach Hinweisen auf die innere Verfassung der beiden Helden:
– In welchen Adjektiven und Verben spiegelt sie sich wider?
– Zeigen Sie, daß auch der Vergleich nicht nur die äußere Situation kennzeichnet.

***A 3**
Wiederherstellung des Kampfes
a) Untersuchen Sie die kompositorische Bedeutung der Episode vv.766–790.
– Welche Möglichkeit verschafft sie Vergil für den szenischen Aufbau?
– Welches zweite Motiv, das für die Weiterführung der Handlung wichtig ist, ist an den Ölbaum geknüpft?
b) Vergleichen Sie die beiden göttlichen Helferinnen:
– In welcher Beziehung stehen sie zu ihrem Schützling?
– Sind sie in ihrem Rang miteinander vergleichbar? (Versuchen Sie eine religionsgeschichtliche Deutung.)
c) Zeigen Sie die Wirkung der beiden göttlichen Interventionen auf:
– Welches Ziel verfolgt die erste?
– Diskutieren Sie die Notwendigkeit der zweiten für die Wiederherstellung des Kampfes. (Vergleichen Sie auch Z 35!)
d) Wodurch wird in den vv.788–790 metrisch und sprachlich die Gleichwertigkeit der beiden Kämpfer betont?

XII 791–842

A 1
Juppiters Mahnrede
* **a)** Wie ist die folgende Götterszene mit dem vorausgehenden Text verbunden? (äußerer Zusammenhang; innere Notwendigkeit; stellen Sie auch die Beziehung zu der Götterszene in den vv.XII 725–727 her.)
* **b)** Weisen Sie mit Hilfe formaler Beobachtungen in Juppiters Rede die Unabänderlichkeit der Fata nach (v.795–v.806). →

c) Worauf beziehen sich Juppiters Ermahnungen? →
– Wozu befindet sich Juno im Widerspruch? (v.794 – v.797 – v.806)
– Worauf beschränkt sich ihre Macht in diesem Fall konkret? (Erläutern Sie v.805!)
– Welche Motivierung bleibt für ihre bisherige Haltung?
d) In welcher besonderen Art und Weise spricht Juppiter zu Juno (Funktion der Fragen; Stellenwert autoritärer Züge)?

A 2
Antwort und Bitten der Juno
a) Charakterisieren Sie Junos äußere und innere Haltung:
– Deuten Sie den Ausdruck *summisso voltu* (v.807). Was spiegelt sich in ihm?
– Was ist von Junos fanatischem Trotz geblieben, den Sie vor allem im 1. Buch beobachtet haben? In welchen ihrer Worte klingt er noch nach?
– Belegen Sie am Text die innere Spannung, der Juno immer noch ausgesetzt zu sein scheint.
b) Wie stellt Juno ihre Beteiligung am Geschehen dar?
– Wozu steht sie, wovon distanziert sie sich?
– Sind diese ihre Aussagen nur als diplomatisches Ausweichmanöver zu verstehen oder ernst zu nehmen?
c) Erläutern Sie die Bitten, die Juno äußert:
– In wessen Interesse bringt sie sie vor? Als was bewerten Sie diese Formulierungen? (Achten Sie auch auf die Person des Pronomens v.820.)
– Worauf beziehen sich ihre Bitten?
– Charakterisieren Sie den Ton, der die Textpassage vv.819–828 beherrscht.
* **d)** Analysieren Sie die sprachliche Gestaltung des Abschnitts:
– Arbeiten Sie die Antithetik heraus.
– Deuten Sie die verwendeten Bilder, besonders in v.825.
– Welche Mittel dienen der Gliederung und Klangwirkung, welche haben die Steigerung und Aufwertung zum Ziel?

A 3
Juppiters Entscheidung
a) Vergleichen Sie den Anfang der Textpassage vv.829–842 mit dem Beginn der Juppiterprophezeiung (vv. I 254ff.):
– Welche Tonlage ist jeweils durch die Einführungszeile gegeben?
– Welche strukturelle Aufgabe könnte diese Parallelität erfüllen?
b) Wie weit geht Juppiter auf Junos Bitten ein?
– Stellen Sie Bitte und Gewährung einander gegenüber.
– Welchen Befürchtungen Junos aus dem 1. Buch begegnet Juppiter mit seinem zusätzlich gegebenen Versprechen?
– Welche Bedeutung hat Juno im römischen Kult? Vgl. Z 36.
c) Wie wird Junos Reaktion geschildert (vv.841/2)?
– Ist der Umschwung aus einer charakterlichen Entwicklung heraus zu erklären? (Zu welchen früheren Charakterisierungen steht *laetata* in Antithese?)
– Diskutieren Sie die Annehmbarkeit der Bedingungen und damit die Aussichten für den Bestand des geschaffenen Ausgleichs.
– Begründen Sie aus dem Fortgang der Handlung, warum Juno ihren himmlischen Beobachtungsposten verläßt.

A 4
Die Funktion der Götterszene
a) Vergleichen Sie die erste Juppiterszene des Epos (Venus – J.) mit dieser letzten:
– Welche Aussagen weisen über die Handlung des Epos hinaus?
– Welche kompositionelle Bedeutung kommt ihnen zu?
b) Begründen Sie mit dem Blick auf die Gesamtstruktur der Aeneis die Notwendigkeit der Versöhnungsszene:
– Welche Rolle im Gesamtgeschehen spielt der Haß Junos auf die Trojaner?
– Warum muß diese Feindschaft gerade an dieser Stelle – nicht früher und nicht später – aufgelöst werden?
c) Diskutieren Sie die Bedeutung der Szene für das römische Selbstbewußtsein. (Sind die Römer Trojaner oder Latiner?)

Z 36

aus: Herbert Hunger: Lexikon der griechischen und römischen Mythologie

Juno,
altitalische Gottheit, nach der wahrscheinlich der Monat Juni benannt ist.
Die meisten aus dem griechischen Mythos bekannten Züge der griechischen Götterkönigin Hera wurden von den römischen Dichtern auf Juno übertragen.
Mit Jupiter und Minerva wurde sie in dem ältesten Staatsheiligtum auf dem Kapitol verehrt. J. war wie die griechische Hera Göttin der Ehe, Schutzherrin des hochzeitlichen Brauchtums und der Ehefrauen sowie Göttin der Geburten (J. Lucina); die Wöchnerinnen beteten um ihre Hilfe. Als J. Regina schützte sie die Stadt Rom und das ganze römische Reich. Von verschiedenen Ermahnungen, die sie den Römern gegeben haben soll, hatte J. Moneta ihren Beinamen, deren Tempel auf der Burg nordwestlich des Kapitols stand; in ihm befand sich die römische Münzstätte. Alle Monatsersten (Kalenden) waren der J. heilig. Am 1. März feierten die römischen Hausfrauen zu Ehren der J. Lucina das Familienfest der Matronalien. J. war ursprünglich auch der dem männlichen Genius entsprechende weibliche Schutzgeist, der jede Frau durch das Leben begleitet.

XII 843–886

A 1
Das Auftreten der Dira

a) Untersuchen Sie Aussehen und Wirkung der Dira.
– Welche Assoziationen verbinden Sie mit ihrer Verkörperung?
– Vergleichen Sie ihre Wirkung auf Turnus (vv.867/8) mit vv. IV 279/80 (was ist trotz des z.T. gleichen Wortlauts anders?) und mit vv. VII 456–461.
b) Entwickeln Sie die Notwendigkeit der Szene aus dem Vergleich mit dem Ende der Juppiterprophezeiung aus dem 1. Buch (vv. I 297–302) und mit der Allectoszene (vv. VII 413–466).

A 2
Juturnas Reaktion

a) Analysieren Sie Juturnas Verhalten.
– Deuten Sie die gestischen Hinweise.
– Wie bewertet sie Juppiters Entscheidung? Worauf beziehen sich ihre Klagen?
– Was wird mit diesen Klagen vorweggenommen? (Berücksichtigen Sie, wofür Juturnas Abgang am Ende der Szene steht.)
b) Vergil möchte mit diesem Szenenabschnitt sicher an das Ende der Dido erinnern (weitere formale Parallelen können Sie mit Hilfe einer Gesamtausgabe leicht nachprüfen, z.B. in vv. IV 452/3; IV 673; IV 677–679). Welche inhaltlichen und formalen Entsprechungen können Sie auch so feststellen? Welche Absicht dürfte Vergil mit solchen Parallelen verbunden haben?

XII 887–952

A 1
Das Wortgefecht (vv. 887–895)

a) In welchem Verhältnis steht der Beginn der Szene zum Ende der vorausgegangenen?
– Was wird an Aeneas hervorgehoben?
– Deuten Sie die Geste des Turnus.
b) Worauf spielt Aeneas an? (Welche innere Haltung ist hinter seinen Worten spürbar?)
c) Warum entspricht die Entgegnung des Turnus nicht den Erwartungen, die man traditionell in ein solches Wortgefecht vor dem Entscheidungskampf setzt? (Wie spiegelt sich seine Haltung im Bau der Verse?)

A 2

Turnus' Steinwurf (vv.896–918)

a) Warum scheitert der Wurf?

– Was läßt ihn von vornherein wenig aussichtsreich erscheinen? (Sprachsignale)

– Womit wird das Scheitern begründet? (inhaltlich; sprachlicher Ausdruck)

b) Wie wird Turnus charakterisiert?

– in v.902 (Wortwahl, Stellung des Substantivs, Klang des Verses);

– in vv.913–918 (Satzbau, Klangwirkung).

c) Wer ist mit *dea dira* (v.914) gemeint? Ist eine von außen wirkende Kraft für die Ausweglosigkeit der Lage des Turnus verantwortlich zu machen?

A 3

Aeneas' Speerwurf (vv.919–929)

a) Zeichnen Sie den Verlauf des Wurfs nach (Besonderheiten in der Abfolge der einzelnen Phasen; sprachliche Hinweise, die den Treffer ankündigen).

* **b)** Untersuchen Sie den Vergleich. Wie wird die Wirkung des Wurfs auf Turnus (Klangbilder), auf die Zuschauer (welche?) und über die Menschen hinaus gezeigt? (Wodurch wird diese Wirkung erzielt?)

A 4

Turnus' Bitte (vv.930–938)

a) Interpretieren Sie den ersten Satz:

– Können Sie den Widerspruch von *precantem* (v.930) und *nec deprecor* (v.931) auflösen?

– Was erkennt Turnus mit *merui* (v.930) und mit *utere sorte tua* (v.931) an?

b) Arbeiten Sie die eigentliche Bitte des Turnus heraus:

– Woran appelliert er? Welche römischen Werte stehen hinter den vv.932–934? Bettelt Turnus um sein Leben?

– Diskutieren Sie, ob er insgeheim damit rechnet, daß Aeneas sein Leben verschont (v.935).

– Was bedeutet die ausdrückliche Nennung des vertraglich Festgelegten und des eigenen Volks als Zeugen in den vv.936/7?

– Prüfen Sie, ob die Voraussetzungen für die Devise des Anchises „*parcere subiectis*" auf Turnus zutreffen.

– Interpretieren Sie den Schlußappell des Turnus: Was könnte *ulterius* (v.938) bedeuten? Können Sie sich eindeutig festlegen?

A 5

Die Entscheidung des Aeneas

a) Versuchen Sie den inneren Zwiespalt des Aeneas in den vv.938–941 nachzuvollziehen:

– Wozu scheint er zunächst entschlossen zu sein? Belegen Sie Ihre Ansicht am Text.

– Welche Wirkung hat die Rede des Turnus auf ihn? Welche Konsequenz wäre möglich?

b) Wodurch wird die Entscheidung des Aeneas herbeigeführt?

– Wie spiegelt der Satzbau die Entscheidung wider?

– Zeigen Sie, wie das unheilvolle Zeichen von Vergil nicht nur genannt, sondern ins Bild gesetzt wird.

c) Inwieweit ist die Reaktion des Aeneas berechtigt?

– Prüfen Sie, welche Andeutungen einer Schuld des Turnus in diesem letzten Textabschnitt enthalten sind.

– Diskutieren Sie die Frage, ob dieses Verschulden als Grund für die harte Reaktion des Aeneas ausreicht.

– Welche inneren Vorgänge liegen der Entscheidung des Aeneas zugrunde?

d) Analysieren Sie die Worte des Aeneas (vv.947–949).

– Paraphrasieren Sie Aussage und Aussageabsicht des Fragesatzes.

– Als was betrachtet Aeneas sein Vorgehen?

– Beachten Sie das Subjekt des letzten Satzes: Was bedeutet es? Wozu wird es wiederholt? Wie wird es wiederholt? (Lesen Sie laut!)

– Weisen Sie die sprachlichen Mittel nach, mit denen Vergil den letzten Satz der direkten Rede gestaltet.

e) Wie nimmt Turnus seinen Tod hin?

– Erklären Sie, warum er in der Entscheidungsphase des Aeneas überhaupt nicht als Person in Erscheinung tritt.

f) Interpretieren Sie die Schlußverse:

– Wie ist *indignata* (v.952) zu verstehen (‚empört über die unverdiente Behandlung' oder ‚traurig wie jede Seele, die am Leben hängt')?

– Diskutieren Sie, ob diese Verse einen befriedigenden Abschluß darstellen.

Die Problematik des Schlusses der Aeneis

A 1
Unterschiedliche Meinungen
a) Diskutieren Sie die Thesen von Z 37. (Welche lassen sich miteinander kombinieren, welche bleiben ganz kontrovers, welche sind vielleicht sogar inadäquat?)
b) Versuchen Sie, sich im Gestrüpp der unterschiedlichen Meinungen selbst ein Urteil zu bilden.

***A 2**
Zur Komposition Vergils
a) Greifen Sie noch einmal auf Z 34 und Z 35 zurück, und stellen Sie die sich entsprechenden Kompositionsteile in Homers Ilias und im 12. Buch der Aeneis einander gegenüber.
b) Beurteilen Sie, in welchem Maße Vergil Homer verpflichtet ist, und versuchen Sie, Vergils Eigenleistung festzustellen und zu würdigen.
– Wo kontrapostiert Vergil das homerische Epos direkt?
– Zeigen Sie, daß in diesem Zusammenhang die Aeneis auch von der Komposition her als römisches Nationalepos geplant ist. (Berücksichtigen Sie, daß Turnus mehrfach als ‚zweiter Achilles' apostrophiert wird.)
– Weisen Sie die Eigenständigkeit der epischen Technik Vergils nach. (Vergegenwärtigen Sie sich das innertextliche Gefüge des Schlusses vor allem in den Bezügen zum 1. Buch!)

Z 37
Der Schluß der Aeneis ist in den letzten Jahrzehnten in der anglo-amerikanischen Forschung ins Kreuzfeuer leidenschaftlicher Auseinandersetzungen geraten.
Da Sie nur einen Teil der Aeneis im Original kennengelernt haben, ist es für Sie nicht leicht, der wissenschaftlichen Argumentation zu folgen, die das Ganze des Werks im Blick hat und vielfach, z. B. im Bezug auf die homerischen Epen, noch weit darüber hinausgreift. Anstelle von Zitaten folgen deshalb einige thesenhaft gefaßte Wertungen, mit denen der Versuch unternommen wird, das Spektrum der Meinungen einigermaßen abzudecken.
Thesen zum Schluß der Aeneis

1. Kein Wunder, daß Vergil seine Aeneis verbrannt wissen wollte – bei dem unmöglichen Schluß!
2. Turnus erleidet die gerechte Strafe eines Staatsfeinds.
3. Turnus erscheint als das Urbild aller Feinde Roms, deren Tod die Ohnmacht des Widerstands gegen die friedens- und ordnungsstiftende Macht des gottbegnadeten Römertums bezeugt.
4. Entsprechend seiner Homernachfolge und der historischen Tradition kann Vergil gar nicht anders, als Turnus von Aeneas töten zu lassen.
5. Aeneas erweist sich mit seiner Schlußhandlung als echter Römer: Die Pietas gegenüber Pallas bzw. Euander ist der höhere Wert im Vergleich zur Pietas gegenüber dem besiegten Turnus bzw. dessen Vater.
6. Das Verhalten des Aeneas am Schluß bedeutet nichts anderes als einen Rückfall in barbarische Brutalität.
7. Allein schon dafür, daß er Lavinia so leicht fallen läßt, hat Turnus den Tod verdient.
8. Der Tod des Turnus ist als ein Ritualopfer zu verstehen, das die Superbia des Turnus der Reinheit des Pallas zu bringen hat.
9. Die Zukunft Roms steht unter dem düsteren Zeichen eines von Leidenschaft überwältigten Killers.
10. Das mythische Verhalten des Aeneas soll das historische Verhalten des Octavian rechtfertigen: Aeneas steht als Parallele zu

dem rachebesessenen Octavian der Bürgerkriege, der sich erst noch zu dem ausgleichenden und friedliebenden Augustus entwickeln muß.

11. Damit die Leistung des Augustus nicht verdunkelt wird, darf Aeneas nicht zu strahlend erscheinen.

12. Der *furor impius,* der schon Romulus zum Brudermord getrieben und zuletzt die Greuel der Bürgerkriege heraufbeschworen hat, wird als Erbgut des Aeneas nachgewiesen.

13. Aeneas' Sieg ist ein Sieg der höheren Gesittung über die urwüchsige Roheit des Turnus: Dieser ist der Vertreter einer überholten Gesellschaftsordnung, der seine persönlichen Ziele nicht in Einklang zu bringen vermag mit den überindividuellen Erfordernissen der Gemeinschaft.

14. Der eigentlich tragische Held ist Turnus, ein Opfer des Fatums und seiner mangelnden Einsicht in dessen Notwendigkeit.

15. Die eigentlich tragische Gestalt ist Aeneas, den wie gegenüber Dido erneut überindividuelle Rücksichten zwingen, gegen sein besseres Selbst zu handeln.

16. Durch den Tod des Turnus sind alle Konflikte gelöst, ein poetisches Ganzes schließt in sich abgerundet.

17. Ein denk-würdiger (= zum Nachdenken anregender) Schluß – fast wie im modernen epischen Theater.

Abschluß

Z 38

Christoph Meckel: Wen es angeht. *Verlag Eremitenpresse 1974*

Rede vom Gedicht

Das Gedicht ist nicht der Ort, wo die Schönheit gepflegt wird.

Hier ist die Rede vom Salz, das brennt in den Wunden.
Hier ist die Rede vom Tod, von vergifteten Sprachen.
Von Vaterländern, die eisernen Schuhen gleichen.
Das Gedicht ist nicht der Ort, wo die Wahrheit verziert wird.

Hier ist die Rede vom Blut, das fließt aus den Wunden.
Vom Elend, vom Elend, vom Elend des Traums.
Von Verwüstung und Auswurf, von klapprigen Utopien.
Das Gedicht ist nicht der Ort, wo der Schmerz verheilt wird.

Hier ist die Rede von Zorn und Täuschung und Hunger
(die Stadien der Sättigung werden hier nicht besungen):
Hier ist die Rede von Fressen, Gefressenwerden
von Mühsal und Zweifel, hier ist die Chronik der Leiden.
Das Gedicht ist nicht der Ort, wo das Sterben begütigt
wo der Hunger gestillt, wo die Hoffnung verklärt wird.

Das Gedicht ist der Ort der zu Tode verwundeten Wahrheit.
Flügel! Flügel! Der Engel stürzt, die Federn
fliegen einzeln und blutig im Sturm der Geschichte!

Das Gedicht ist nicht der Ort, wo der Engel geschont wird.

Der Abschluß der Interpretationslektüre der Aeneis legt es nahe, sich über den zurückgelegten Weg und das erreichte Ziel Rechenschaft abzulegen. Wir wollen es mit Hilfe eines modernen Gedichts (Z 38) versuchen. Natürlich ist, wenn darin von ‚Gedicht' die Rede ist, primär Lyrik gemeint, aber die Ausweitung auf den (alten) Epos-Begriff dürfte nicht grundsätzlich unerlaubt sein.

A 1

Was das Gedicht nicht leisten kann

a) Halten Sie die Stellen fest, die sich mit dem Gedicht *ex negatione* befassen:
- Worauf darf es dem Dichter nicht (mehr) ankommen?
- Was haben die einzelnen Feststellungen gemeinsam?

b) Inwieweit treffen diese Aussagen auch für Vergils Epos zu?
- Diskutieren Sie, ob ein grundsätzlicher Unterschied zwischen modernem und antikem poetologischem Verständnis besteht.
- Zeigen Sie an einigen Details, worin der antike Dichter auch heute noch Anerkennung finden könnte.
- Inwieweit haben die Unterschiede nur historische Ursachen?

A 2

Was das Gedicht zu leisten hat

a) Untersuchen Sie die Stellen, an denen direkt von der Aufgabe der Dichtung die Rede ist:
- Welche Wortfelder stehen im Vordergrund?
- Deuten Sie aus dem Kontext das Bild des Engels. (Wenn Sie das Motiv weiterverfolgen wollen, seien Sie auf weitere Gedichte Meckels bzw. auf die mutmaßliche Quelle, die ‚Geschichtsphilosophischen Thesen' Walter Benjamins, verwiesen.)
- Welche Aufgabe ergibt sich daraus für die Dichtung?

b) Vergleichen Sie Vergils Aeneis mit den Intentionen des modernen Gedichts:
- Suchen Sie in Vergils Epos Beispiele für die thematischen Hinweise, die Meckel gibt. Hat Vergil etwas ausgespart?
- Erinnern Sie sich, bei Vergil auch Themenbereiche gefunden zu haben, die Meckel nicht berührt?

c) Bewerten Sie Vergils Leistung mit den Maßstäben Meckels.

A 3

Das ‚Prinzip Hoffnung'

a) Überprüfen Sie, inwiefern sowohl das moderne Gedicht als auch die antike Dichtung Herausforderungen an den Leser darstellen, besonders an seine Vorstellungskraft, aber auch an seine Kritikfähigkeit.

b) Untersuchen Sie die Chancen einer positiven Wirklichkeitsdeutung:
- Welche Wahrheit verkünden das Gedicht Meckels und das Epos Vergils?
- Wie optimistisch sind die Weltbilder der beiden Autoren?
- Unter welchen Voraussetzungen ist Resignation, unter welchen Hoffnung auf eine akzeptable Zukunft angebracht? (Ziehen Sie auch Schillers Ansicht in Z 1 zum Vergleich heran.)

c) Diskutieren Sie, ob es überhaupt Aufgabe des Dichters sein kann, konkrete Lösungen anzubieten, und versuchen Sie festzuhalten, was Vergil uns heute noch zu sagen hat.

Weitere Hilfsmittel für Ihre Arbeit mit der „Aeneis“

Die Auswahl unserer Zweittexte schloß bereits Hinweise auf Nachschlagewerke ein, wie sie sich in der Schulbibliothek finden: Lexika zur Antike wie *„Der kleine Pauly“* (Z 14) und das von *J. Irmscher* (Z 17), zur antiken Mythologie wie *Hunger* (Z 36) oder *Grant/Hazel* (Z 6), zur Philosophie wie *Vorländer* (Z 29).

Mit *R. A. Schröder* (Z 4) und *J. Götte* (Z 5) wurden die beiden bekanntesten Übersetzungen zitiert; leicht zugänglich sind ferner die von *E. Staiger* (dtv. Tb 2150) und die von *Neuffers/Plankl/Vretska* (Reclam UB 221); genannt sei auch die zweisprachige Ausgabe (Übers.: *A. Vezin,* Aschendorff Nr. 3801).

An Kommentaren dürfte greifbar sein *E. Nordens* breit angelegte Spezialuntersuchung zum 6. Buch, aufschlußreich auch durch ihre Anhänge; neuere Kommentare sind die englischen: *R.D. Williams:* The Aeneid of Virgil (London 1972/3), *R.G. Austin:* Aeneidos liber I/II/IV (Oxford 1971/1964/1955), *W.S. Maguiness:* Aeneid Book XII (London 1953) – sie geben zumeist nur philologisches Material, knapp gehalten, und verzichten auf interpretatorische Ansätze. – Im Rahmen der Schule sehr brauchbare Deutungen einzelner Textabschnitte bietet *H.-J. Glücklich* (Consilia Heft 6, Vandenhoeck & Ruprecht).

Den besten Überblick über Vergils Werk im allgemeinen und die „Aeneis“ im besonderen sowie wertvolle Anregungen zur Interpretation bieten nach wie vor die Standardwerke: *R. Heinze:* Virgils epische Technik (Leipzig 1903); *V. Pöschl:* Die Dichtkunst Virgils. Bild und Symbol in der Aeneis (Wiesbaden 1950); *K. Büchner:* P. Vergilius Maro, der Dichter der Römer (Stuttgart 1955, RE-Sonderdruck); *F. Klingner:* Virgil. Bucolica-Georgica-Aeneis (Zürich/Stuttgart 1967). Empfohlen seien darüber hinaus noch: *H. Oppermann* (Hg.): Wege zu Vergil (Wege der Forschung 19, WBG Darmstadt 1963); *E. Burck:* Vergils „Aeneis“, in: Das römische Epos (Darmstadt 1979, S. 51–119); *Th. Haecker:* Vergil – Vater des Abendlands (s. Z 11). – Zur ersten Information über Vergil und sein Werk kann die Rowohlt-Bildmonographie (Nr. 353) von *M. Giebel* dienen.

Zur Rezeption der „Aeneis“ in Gegenwart und Geschichte schreibt *W. Suerbaum* (Vergils Aeneis. Beiträge zu ihrer Rez. ..., Bamberg 1981).

In den Fachzeitschriften „Der altsprachliche Unterricht“ und „Gymnasium“, die auch in Schulbibliotheken vorhanden sein dürften, finden sich wiederholt Beiträge zur „Aeneis“. Verwiesen sei insbesondere auf die Forschungsberichte von *W. Suerbaum:* Gedanken zur modernen Aeneis-Forschung (AU XXIV 5, 1981, S. 67–103, mit einer Übersicht über die wichtigsten Sammelbände bis 1975) und *A. Wlosok:* Vergil in der neueren Forschung (Gy 80, 1973, S. 129–151), ferner auf *W. Biermann:* Infelix Dido (AU XVIII 1, 1975, S. 37ff.); *M. v. Duhn:* Die Gleichnisse in den Allectoszenen des 7. Buches von Vergils Aeneis (Gy 64, 1957, S. 59ff.); *H. Koch:* Zur Gliederung von Aeneis I und IV (Gy 73, 1966, S. 506ff.); *H. Trümpner:* Die Eschatologie bei Vergil. „Aeneis“ VI 703–751 (AU IV 2, 1961, S. 46ff.).

Die gesamte Vergilliteratur hat *W. Suerbaum* auf über 350 Seiten in einer Arbeitsbibliographie (in: Aufstieg und Niedergang der Römischen Welt (ANRW) II 31, 1, 1980) zusammengestellt. Aus der Vielzahl der darin enthaltenen und der seither erschienen Titel könnten im Rahmen der Schule vor allem nützlich sein: die Arbeiten von *M. v. Albrecht* (in Hermes 1965 zur Kunst der Spiegelung; in Wiener Studien 1967 zur